《太极大家》系列

吴图南太极拳精粹

梅墨生 主编

于志钧 编著

当代中国出版社
Contemporary China Publishing House

2018年·北京

图书在版编目(CIP)数据

吴图南太极拳精粹 / 于志钧编著. -- 2版. -- 北京：当代中国出版社，2018.9
（太极大家）
ISBN 978-7-5154-0861-3

Ⅰ．①吴… Ⅱ．①于… Ⅲ．①太极拳－基本知识 Ⅳ．① G852.11

中国版本图书馆 CIP 数据核字（2018）第 198574 号

出 版 人	曹宏举
策划编辑	柯琳芳
责任编辑	张　瑞
责任校对	康　莹
装帧设计	古涧文化
出版发行	当代中国出版社
地　　址	北京市地安门西大街旌勇里8号
网　　址	http://www.ddzg.net　邮箱：ddzgcbs@sina.com
邮政编码	100009
编辑部	（010）66572264　66572154　66572132　66572180
市场部	（010）66572281　66572161　66572157　83221785
印　　刷	北京润田金辉印刷有限公司
开　　本	720毫米×1060毫米　1/16
印　　张	18印张　2插页　插图556幅　241千字
版　　次	2018年9月第2版
印　　次	2018年9月第1次印刷
定　　价	46.00元

版权所有，翻版必究；如有印装质量问题，请拨打（010）66572159 转出版部。

吴图南先生（摄于1983年）

吴图南小传

吴图南（1885—1989），原姓乌拉汗，名乌拉布。蒙古族人，1885年正月二十三日生于北京。9岁开始习武，先后拜当时著名太极拳家吴鉴泉与杨少侯（杨式太极创始人杨禄禅之孙）为师，深得吴杨两家太极功夫之精髓。

吴图南早年就读京师大学堂，学习过医学。他除了是太极拳名家，有高深的造诣外，还精通考古、文史和经络学，并通英语、法语等。新中国成立前多年从事教育工作，曾在南京中央大学、西北联合大学等高校任教，并担任故宫博物院专门委员。新中国成立后，继续从事太极拳的普及和研究，并担任全国武术协会委员、北京市武协副主席等职，1980年被聘为北京市文史研究馆馆员。

为了把祖国武术的优良传统一代一代地传下去，吴图南综合杨、吴两位老师的真传，并不遗余力地深入研究太极拳名家的套路，同时还收集了湖北武当山、河南少林寺以及河南陈家沟等武术发祥地有关太极拳的文献史料，对照分析研究人体骨骼、关节、肌肉的活动，选择最符合人体生理解剖的招式，整理汇集成一整套套路，编辑出版了中国早期的一部太极拳著作《科学化的国术太极拳》。后来又陆续写出了《内家拳太极功玄玄刀》、《太极刀》、《太极剑》等著作。对我国太极拳的传承作出重大贡献。

丛书序

太极拳日益成为一项国际化的运动，据不完全统计，全球约有1.5亿人在习练太极拳。不论老幼、不论种族、不论地域、不论文化之差异，世人对太极拳运动之广泛热衷，说明了一个至明至浅的道理：它有益于人们的身心健康。

全球化的物质与科技化风潮，紧张快速的现代化城市化的生活方式，给世人带来了许多现代文明病——从生理到心理疾患。而太极拳经过历史检验和事实证明，是一项有百利而无一害的有益健身运动。而且，它是一门形神兼练、性命双修、心身共养、天人合一的大学问、大道法。在现代生活的压力下，太极拳更加显出它历久弥新的生命力与迷人魅力。作为一门国粹，它既是炎黄文化的组成部分，又是传统文化精神的载体，在健身祛病、修养身心、延年益寿的同时，还可以以之体悟文化，品味一种古老文明的智慧。有鉴于此，我们将陆续编辑出版《太极大家》这一套丛书。

太极拳不仅功理深奥，而且流派、风格各异，传承久远且广泛，我们本着兼容并蓄的立场，凡是太极拳大家的著作，只要是学理清楚、论述明白、成一家之言者，悉数收入丛书之中。本丛书不赶时间，不贪大，不求包装奢华，成熟一本出一本，力求朴素无华而有内蕴，将大家的真髓奉献给读者。

本丛书将各种流派、各种风格、各家代表人物包蕴其中，多种体例与风格都在尊重编著者的前提下予以入编，以满足读者不同的阅读需求。因此，丛书不求写作体例和手法的一致。除了新著外，一些历史旧著，如条件允许也适当入编。

总之，本丛书的入编以学术性、经典性、多样性为原则，力求信息的丰富性和代表性。

希望本丛书的出版对太极拳事业的繁荣发展有所裨益。是为序。

丛书主编　梅墨生

目录

前　言 /I

第一篇　传
第一章　太极拳大家吴图南先生传略 /2

第二篇　轶事
第一章　千里寻太极 /28

第二章　历代太极拳家之造诣 /57

第三篇　功
第一章　三世七太极功古谱 /70

第二章　太极拳的功法 /84

第三章　太极松功 /87

第四章　太极拳气功论（宗气论） /107

第四篇　理
第一章　吴图南谈太极拳之秘 /116

第二章　吴图南讲《十字诀》 /124

第三章　吴图南论剑 /128

第四章　吴图南论太极 /137

第五篇 架

第一章 吴图南演示三世七太极拳及打手法 /144

第二章 九宫步 /154

第三章 太极拳小架子 /158

第四章 太极功玄玄刀 /172

第五章 武当乾坤剑 /260

前　言

吴图南先生九岁习武，精通诸子百家，是我国近现代难得的著名武术家、太极拳家。先生武功造诣非常深厚，广艺博学，修养尤甚。我拜图南先生为师，从1950年9月起到1989年元月图南公西去，近40年不辍，习练太极拳，艺虽不精，然而对吴图南先生从事太极拳事业有一定了解。吴图南先生不像某些大师留有"南山打猛虎，北海斩蛟龙"的轰轰烈烈事迹，却对太极拳之研究发展传承做出了巨大贡献！最重大的贡献是在太极拳教育方面。在此基础上，吴图南先生继承传授了三世七太极拳、玄玄刀、乾坤剑并著有《十字诀》、《太极拳松功》等绝世之作。我在本书中收录了这些经典，我认为这远比记载一些难以证实的、道听途说的"南山打猛虎，北海斩蛟龙"的传奇好得多。本书许多内容是首次发表问世，吴图南先生一些太极拳精辟论述皆在其中。望读者重视，详细研究之！必有收获。

于志钧

第一篇 传

第一章　太极拳大家吴图南先生传略

为什么说吴图南先生是我国太极拳大家？因为他是太极拳界之最杰出者，第一聪颖过人，悟性过人；第二是大学者，博学各艺；第三深通太极原理，精通太极拳艺；第四深通医理，对人体有深入的研究；第五点是教育家，对继承发展太极拳事业贡献极大。这五点是当代任何一位太极拳家不能相比的。作者虽资质浅，学艺不精，然愿尽我之所知、所闻、所见，述先生一生之鳞爪，贡献同好。

吴图南，北京人，蒙古族，蒙名乌拉布，从汉姓吴，生于光绪十一年（1885年）夏历正月二十三日，卒于1989年1月8日，享年百有五岁。早年就读于京师大学堂，先后任教于南浔中学、中央国术体育专科学校、中央大学、西北联合大学、北平艺术专科学校。1949年后，任职于北京市文史馆，从事文史考古研究工作，直至逝世。

1984年吴图南在武汉国际太极拳联谊会上表演太极拳

吴图南先生，一

生致力于国术研究和教育工作，尤其对太极拳，不但拳技水准极高，且对太极拳的理论和源流史有深入的研究和考证，是公认的太极拳史学家、理论家、技击家和教育家。1984年曾获得国家武术协会颁发的教育贡献奖。生平著述颇丰。

一、幼时多病几不治，太极拳救了他

先生父母是老年得子，先生出生就体弱多病，皮肤又黄又绿。家里请太医院的太医给孩子看病，这在晚清虽有开放，但也非寻常。经过一位李大夫的精心医治，先生病情好转。后来，李大夫建议家长，让孩子练练功夫，孩子身体太弱，练壮实一点。就这样，家长带领先生到一家拳房（相当于今天的武馆）去练功夫。先生时年九岁。

这个拳房，是全佑老先生开的，全佑已经古稀之年了，不亲自教拳，由儿子鉴泉先生教，教的就是太极拳。全佑是满族，鉴泉从汉姓吴，叫吴鉴泉。先生随吴鉴泉，一学就是八年。从此，先生一生与太极拳结下了不解之缘。

全佑老夫子是杨禄禅宗师的弟子，与万春、凌山三人，一善柔化，一劲刚，一善发人，各得禄禅公之一体，有筋、骨、皮之称。全佑善柔化，这自然影响到鉴泉先生的拳术风格。柔化并非消极防守，如果对敌一味地化，化来化去，终要挨打，所以化即反，对手放劲在我身上，我化劲必须把劲反回到对手身上，使劲始终放在彼身上。图南先生后来把化劲练得炉火纯青，真可谓"物来触我，我不著物"。

二、从杨少侯学习太极拳小架

杨少侯是杨禄禅先生次子杨健侯的长子，号梦祥，自幼随伯父杨班侯学习太极拳小架。小架是一套技击架，动作小巧，姿势低、速度快、难度极大，出手就打，吃不得苦是不能练的，学者常被打得周身伤痕累累。班侯出手极重，少侯承之，有乃伯之风，他的徒弟很怕他打。

15岁的吴图南

图南先生从吴鉴泉学习太极拳八年之后，又拜杨少侯为师学习太极拳小架。这是怎么一回事呢？有许多传言，都不正确，据图南先师自己讲：旧时，从师学艺，都要分若干个阶段，第一个阶段是在师父家里学习本门的基本功夫，我学了八年，时间算是很长的了，老师看可以了，就"出徒"，也叫"出师"。第二个阶段，就是"下山"，步入江湖去阅历，与社会上的高人切磋试艺。这时的学生年轻，总认为自己有了一套了，要找人试试，胜了就很得意，遇上高手被人打了，才知天外有天，才会虚心起来，也增长了实战经验。这个时候，师父再把徒弟找回来，进行第二次的学艺，可就进入高深层次的修炼了。这个阶段，才把内在的功夫教给你，那时，同样的拳，境界可就不同了。一些学生，往往坚持不到这个阶段，认为老师也不过就这两下子，不怎么样，那这位的拳艺就算到头了，此后，就乱七八糟地瞎闯了，东偷一点，西摸一点，老师也不教他了，他也不学了，就算完了。这样的人，谁也不会理睬他。鉴泉公见图南人品好，尊师好学，出师后，又把他推荐给杨少侯先生为徒，学习杨家小架太极拳，学了四年。鉴泉公以柔化著称，以守为主，一生很少见他打人，但无人能让他移动一下脚步。少侯公有乃伯父（杨班侯）之风，以打见长，无人敢抗他打击，高手多因感拳锋而避之，故以"凌空劲"称之。图南先生有幸得二师之传授，功夫愈加全面。

三、京师凭空杀出一位宋书铭

清末民初，杨禄禅祖孙三代在京师耕耘太极拳，蜚声海内

外。当时京师（北京）太极拳是杨氏的一统天下。时有健侯先生弟子许禹生者，创办北平体育研究社，聘请教员杨少侯、纪子修（纪德）、吴鉴泉、刘恩绶、刘彩臣等人。许禹生和当时袁世凯的一位幕宾（今日文书一类）叫宋书铭的相善。宋擅太极拳，自称是远祖宋远桥祖传，到他这已十七代，时年七十岁。许禹生带着体育社教员纪子修（凌山之徒）、吴鉴泉（全佑之子）、二刘（皆全佑弟子），往访宋书铭。当时，这些人都是京师太极巨子，执牛耳者。他们和宋书铭推手，一试可了不得啦！他们"皆随其所指而跌，奔腾其腕下，莫能自持"。后来吴鉴泉、二刘均拜宋书铭为师，学练宋氏太极功。之后，吴鉴泉亦将此功传吴图南。宋书铭有《宋远桥太极功源流支派论》传世，全文见后。

宋书铭与吴、刘等有约，不准外传。纪德与宋年龄相若，纪说：你不让我教人，我年近古稀，我死后，教鬼耶！拂袖而去。宋书铭在袁世凯下台死后，回乡保定作古。

宋书铭的太极拳有什么特点呢？这是吴派太极拳家秘而不肯讲的，而宋又没有自己的传人。现在老辈吴派传人都已谢世，不妨在此讲几句。

北平体育研究社同仁合影，一排左四为许禹生，左六为吴鉴泉。

1933年10月，吴鉴泉、吴图南、徐致一参加第一次国民运动会。图为三人与友人在南京中山陵合影。右起：吴图南、吴鉴泉、（不详）、徐致一。

太极功，本应有两个修炼途径：一个叫"先天法"，另一个叫"后天法"。无极而太极，太极分阴阳，这是最朴素的太极学说。后天法的修炼为"顺行"，即人生下来，就从先天进入后天，此后的生长都是按照"一分为二"的规律发展，故太极拳就须行次序，刚柔、虚实、开合……一一练下去。先天法的修炼为"逆运"，是"合二而一"，故太极功就按逆运的次序练下去，从开合、虚实、刚柔……返回原始，故曰："浑噩一身"，即"开合不分、虚实不明、刚柔不定"，所以老子说"抟气致柔，能婴儿乎"。宋氏太极功曰"大周天"，气流行体之外侧，循行于天地，以地心为主宰。太极拳为"小周天"，气流行体之内侧，循行于手三阴、手三阳、足三阴、足三阳经，循腰，以腰为主宰。此外，宋氏太极功为"导引术"，以手指、脚趾导引周身；太极拳为"推拿术"，从里向外发，从外向里拉劲。宋氏太极功与太极拳，相反而相承，殊途而同归，均以"合太极"终。

四、南下决定吴图南先生坎坷的人生

1928年，吴鉴泉先生偕徒吴图南、徐致一，南下苏州、杭州、南京、上海。后鉴泉公在上海定居，创办太极拳社（后称鉴泉拳社）。鉴泉先生当时被推崇为吴派太极拳创始人，有许多不服气的其他拳派名家高手来访，切磋拳艺，鉴泉先生令吴图南、

1929年的吴图南先生

徐致一挡驾,少有人能过二人的关口,两人被称为吴鉴泉先生的"两扇门",可见武功之不一般。同年,中央国术馆成立,聘请吴图南先生任教。1932年,成立中央国术体育专科学校,吴图南应聘,讲授国术史及国术原理。先生所著《国术概论》,即此时写的教学讲义。这是我国最早的一部武术史著作。任教期间,先生编写出版了《科学化的国术太极拳》。

中央国术馆成立,国术馆下设编审处,负责国术教材的编审工作。当时,聘请一位处长,此人便是后来否定武当、少林,否定张三丰,提出陈王廷创造太极拳的唐豪。唐豪早年学过一点六合拳,后短期赴日本,在日本时学了一点刺枪术,回国后处境不佳。吴图南先生和唐豪是唱对台戏的。图南先生在国体专科学校讲授《国术概论》,在"国术史略"一章中,重点讲述了太极拳、形意拳、八卦拳、通臂拳、少林拳、摔跤的发展史。唐豪唱反调,批判之,否定太极拳之张三丰和少林派之达摩,提出河南温县陈家沟陈氏九世陈王廷创造太极拳。1934年至1939年抗日战争前夕,国术界人士纷纷献策,提出民众尚武之必要,鼓吹学习国术。吴图南先生是其中的热心者,奋笔疾书,写出了《太极剑》一书,在"自序"中写道:"尤望举国民众,闻风兴起,大声疾呼,加紧锻炼。十年之后,若与世界列强,战于疆场,虽我科学落后,火器不精,然而横磨成师,大刀有队,或可为救国雪耻之一助。"唐豪针锋相对,于1935年12月9日写了一本小册子《太极拳根源》,在"结论"中写道:"戚氏(按指明戚继光)而生乎今日,决不将那些不合时宜花法虚套的武艺,尊为救国的良图。使戚氏而生为今日中国之大将,决不将十九路军抗日大刀,满足地以为曾经杀胜过敌人而自豪。"又说:"生于三百年后的今人,识不足以知因变,明不足以察虚实,靡人民的脂膏,设广大的馆舍,集江湖游食之徒,演古所吐弃之物,曰:是救亡之良图也!是救亡之良图也!不知此真将亡的现象,吾复何言!"

吴图南先生南下,在南京定居,直至1937年抗日战争爆发,南京失陷,先生在国立中央大学任教,先撤退到西南,后辗转到西安任西北联合大学教授。抗日胜利后,先生回到北平,在故宫博物院任专门委员。

先生在南京居住约八年,结识当时国民政府一些要人,其中有一个叫褚民谊的。此人当时任国民党中央宣传部长,抗战期间随汪精卫叛国,投降日本,成立伪政权,褚任伪行政院副院长兼伪外交部长。抗战胜利后,褚被当时国民政府处决。褚民谊是吴鉴泉的弟子,吴图南的师兄。1934年,吴图南先生编写《太极剑》一书出版,书名由褚民谊题写,书中请国民党政要、后任行政院长的孙中山先生之子孙科题:"我武惟扬"四字。这就为后来"文革"期间,吴图南先生被红卫兵认作"历史反革命"之证据,先生及师母刘桂珍女士遭到莫须有的株连,被扫地出门,赶到郊外一间破庙中居住,生活无着落。时值1966年6月至1976年10月,长达十年之久。此事在"文革"后平反,尚有故事,容后文再详述。事实上,《太极剑》一书,恰恰证明吴图南先生是一位爱国的学者,抗战前夕,为振奋国人之抗日精神,大声疾呼,奋笔疾书,为抗日献策。抗战兴,先生辗转西北大后方,不为日人所用,实为难能可贵之品德。先生"文革"蒙冤时,已八十余之高龄,能渡过来,诚先生之德也!

五、学刀张秀林与学剑三丰

"清道光咸丰年间,有陈庆者,直隶良乡人,精通臂拳。时有同邑王占春,执礼请益,独得其全。光绪初,有张策者,字秀林,直隶香河人,闻陈之名,而往受业。未几,陈卒,复从王

占春切磋琢磨，九载，技成。山、陕、燕、赵之地，无有出其右者，其生平以刀法为最精。四方有名之士，每与之较者，刀必落地。而人与谈技击，辄以不会应之，从未见有得色也。后居北京，授徒颇多。著者（按指吴图南）于民国二十二年（1933年）夏始遇先生于首都（指当时之南京）。畅谈刀法之理，妙不可言，恨相见之晚也。于是由吴鉴泉先生之介绍，而拜先生之门。只因时间仓促，仅学刀法之应用，未暇及于拳剑枪棍。至今每忆及之，未尝不五中怅然也！民国二十三年（1934年）秋，先生以疾卒于北平（今北京）。时年已七十有馀矣！"这是吴图南先生在《国术概论》一书中记的一段往事。

吴图南先生是太极拳大家，何以学刀术于通臂大师？先生生前尝教育弟子，说：孔子说"三人行，必有我师"，我们学习太极拳的，为什么要保守呢？人家有一技之长，我们都应学习。吴图南之刀法得益于张秀林，主要是应用，刀法套路也因之与杨氏太极刀大不相同，名称也异，叫作"内家拳太极功玄玄刀"。玄玄者取张三丰祖师之道号"玄玄子"也。

吴图南先生之刀得于张秀林，今已鲜有人知。先生为了得张策的刀法，说是学了一年，极为轻巧，实则为学刀，先后孝敬了张策二两黄金。先师尝说："这趟刀，是花二两金子换来的！那时二两黄金叮是个数。今天我教拳糊口（'文革'时期1972年），一个月每人收两元钱"（按指人民币，黄金1972年时价150元一克，二两黄金折价人民币11340元）。真乃"捧着金饭碗要饭吃"！

张秀林之刀，质朴无华。吴图南公，因之把原太极刀中的"缠头裹脑"之属尽皆剔除。

"学剑三丰"是1934年吴图南先生著《太极剑》一书中徐思安先生题词。从时代论，图南先生当然不可能直接从三丰祖师学剑，这里讲的是太极剑的源流。先生在该书总论中说："详考是剑，创自元之张三丰先生。"

这趟剑法，有八十七势，与杨氏太极剑大异。笔者曾就此问及先生，先生说：这趟剑是南派太极剑，传自宋书铭，鉴泉公得之,再传先生。

先生尝言:剑乃仙家之传,能通灵、通神!仙家携剑以驱邪,侠之携剑以斩盗,吾辈携剑游戏尔!先生学者耶。

六、50年代失业

我最早知道吴图南先生是在1946年。当时我在家乡吉林市,邻居一家姓常的富户把家中所藏的两本武术的书赠送给我。我看,一本是《科学化的国术太极拳》,另一本是《内家拳太极功玄玄刀》,都是吴图南先生著。一下子,吴图南这个名字就深深印在我脑海中。也许是缘吧,我感觉这是一位高明的大师,不是一般意义上的拳师。1950年,我考入北京清华大学,并于当年拜吴图南先生为师。他当时住在西直门里晓安胡同八号。

从我认识吴图南先生时起,先生就失业在家,没有工作,靠变卖度日。抗战时期,先生在西北联合大学任历史学和考古学教授。抗战胜利后,先生辞掉西北联合大学教授之职,回到北平

1959年第一届全国运动会上,前排左起李雅轩、吴图南、徐哲东;后排左起中国武协主席郑怀贤等。

（今之北京），在北平故宫博物院任专门委员。1949年1月，北平政权和平交接，避免了一场战争浩劫。当时的政策是对旧公职人员一律留用，但不知为什么，吴图南先生却没有留任，是他未去报到还是其他原因，我不得而知。我和先生交谈中，始终得不到要领。据我了解，先生一生，除30年代抗日战争爆发之前，在南京与当时国民政府个别政要有个人交往外，没有参与政治活动，不应受到牵连。1951年，先生曾给我看1933年南京的一次国术考试得太极拳第一名的证书，上面颁证人是蒋中正，有墨笔签字，有朱印。后来就不知道哪里去了。但这也构不成牵连的依据。

1950年至1966年，"文化大革命"之前，先生生活清苦，会变卖过去珍藏的几件文物。那时，文物不准私人买卖，只能出让给国家收藏单位，所以不值多少钱。我曾见过有人带着几件文物，请先生作鉴定。对此，我不懂，也不过问。后来，先生有时受邀到政府的一些部门教授太极拳，主要是一些机关公务员锻炼身体。在青年团中央，当时的团中央书记胡耀邦也曾从先生学练太极拳。这引出"文革"中一段催人泪下的故事。

七、"文革"中被扫地出门

什么叫"扫地出门"呢？就是不经过法律手续，把被迫害者赶出家门，一切个人财物全部没收，对受害者的生计完全不负责任。这是"文革"时期的迫害行为。吴图南先生夫妇，在"文革"一开始，就遭到"扫地出门"的迫害，被从晓安胡同八号赶出来，到海淀农村的一间无人居住的破土房里。老夫妻当时（1966年）都已八十多岁高龄，由徒弟们临时凑点旧炊具和数日之粮维持生活。家中经常没有下顿饭的粮食。这样的日子一直延续到1972年。先生处境虽然如此艰难，然而心境仍然十分豁达，视劫难如"游戏人生"，凭着宽广的胸怀，健康的体魄，高尚的人格，竟把十年浩劫挺了过来。先生回顾说："我能大难不死，都是修练太极的好处！"值得一书的是，先生的弟子杨家昌，在先生最困难的时候，帮助先生"搬家"，实际上已无家可搬，不过收拾一下无人居住的破屋，使老人家安顿下来，有个栖身之所而已，筹得糊口之粮。杨家昌深得先生太极拳之真传，功夫很好，可惜英年早殇，已作故人。

八、胡耀邦施援手

1972年秋，时约上午十点钟，图南先生老两口正在屋中闲坐，突然门被推开，一位不速之客，站在门口，向屋里探视。由于光线阴暗，他看了一会，才张口说："老师，还认得我吗？"吴老抬头一看，来人身材不高，比较清瘦，六十来岁的样子，认出来了，说："这不是耀邦吗！"来人正是吴老的太极拳学生原青年团中央书记胡耀邦，后来任中共中央总书记。他看到吴老两口如此凄惨的情景，忍不住流下泪来，说："让我好难找啊！想不到老师遭这样的罪。我也刚恢复工作，现任中国科学院党委书记，没多大权力。不过，我一定想办法，找找老关系，不能让老师挨饿啊！"胡耀邦离开破屋之后，到海淀区政府找老同事，决定每月给吴图南先生补助20元人民币生活费。20元是多少钱呢？当时大约能买100斤糙米吧。这哪是生活费，实为救命钱呀！此后，吴老有饭吃了，开始到紫竹院公园教太极拳，有十来个人学拳，每人每月收二元钱，又增加二十多元的收入。后来，有人不允许先生在紫竹院教拳，就迁到北京天文馆门前教。天文馆有位研究员当时随吴老学太极拳，故有此方便。

这段历史，是1985年春节笔者到老师家拜年，在先生寓所，由先生和师母亲口讲给我的。现在此事已没什么人知道了。师父师母都已作古。

九、紫竹院和天文馆教拳

北京紫竹院原来是一处园林，及至民国就已经荒芜，园林面积很大，有近千亩土地和水面，树木很多，空气极好，是一处很好的练习太极拳的地方。70年代初，吴老已被"造反派"忘掉，有了活动自由，为生活计，到紫竹院教一些人练太极拳。紫竹院

吴图南先生教授陈静瑛玄玄刀。这是吴图南先生仅有的授武照片,十分难得,1972年摄于紫竹院。

的对面是中国武术协会,当时有个别人出面干涉,不准先生在紫竹院教拳,实际上当时紫竹院无人管理。先生在学生的帮助下,迁到邻近的北京天文馆旁的空地继续教授太极拳。先生一生授徒很少,现在知道的50年代有于志钧;60年代有于洪恩、杨家昌、陈静瑛(女)、陈友任;70年代有黄震环、张国建、陈惠良、祝大彤、李链等人。进入80年代,因先生年事太高,不再授徒。

图南先生这些弟子,各擅所长;陈静瑛是先生唯一的女弟子,年龄最小,12岁开始从

吴图南先生与唯一女弟子陈静瑛合影(1985年春节图南公家中)

先生学习太极拳，拳架经先生精雕细琢，勤学苦练，演练得非常松柔、沉稳、轻灵和优美，堪为楷模。因为陈静瑛年龄太小，称呼吴老为爷爷。

1976年，十年动乱结束。1980年，先生落实政策，被安排在北京市文史馆工作，家也从破庙迁入宣武门外大街十号新建楼房905号居室，月工资人民币一百余元。师母同被安排在文史馆任馆员，月收入也有百余元。从此生活算有了保障，直至1989年1月8日，吴图南先生逝世。

十、清高一世，清寒一生

吴图南先生是蒙古望族，幼时家道中康，终生研究文史、考古和传统工艺，业余研习太极拳和中国武术。一生未仕宦途，未入商旅，未营武馆，清高一世，清寒一生。

先生是一位学者，对中国武术和太极拳，是站在学者的高度进行研究的。先生一生的武术活动，无不以提升中国武术的学术地位为目的，从不争个人的江湖地位。先生对江湖上自诩的"高手"、"神明"们，一笑置之，可谓清高。

吴老常说：自古"文无第一，武无第二"，练武的总是标榜自己"打遍天下无敌手"。实际上，哪里有那么一回事？这只能说，你没有遇到高手，孤陋寡闻，没有见过世面而已。有一种拳，名叫"鬼拳"，是女子练的，一架打下来，你浑身被掐得青紫而不觉。见过吗？不要妄谈"无敌手"！这种拳，今天已经没有了。噢！不是没有了，是不问世了。北京解放前，天桥有个开药铺的张宝忠，卖"大力丸"，他耍号称八十二斤春秋铁刀，说是"关公"用的刀。从前有一天，他的祖辈，口出狂言，说没有人能练动他的刀，让围观者试试看，谁也拿不起来。他一运气，拿起大刀，在身上盘来绕去，舞了一阵，放回原地，真是气不长出，面不改色。于是他就开始卖"大力丸"。此时，有人喊：你的刀被人扛走了！他一看，一个叫花子扛着他的大刀，向北朝前门箭楼走去。他赶快跑去追，叫花子看他跑来，也跑起来，一跑

一追，从天桥一路跑到前门，叫花子把他的刀扔在马路上，走了，不见踪影。他跑到刀旁，已上气不接下气，无奈，雇了辆洋车（黄包车），把大刀拉了回来。这是传奇，也是真事。北京藏龙卧虎，谁敢称"天下无敌"！

作者问过吴师：王润生先生（吴鉴泉先生之徒）说过，吴鉴泉先生与人推手，极少见他发人。吴老说：太极拳是高雅之拳，文明之拳。庄子说过："庶人之剑，蓬头突鬓垂冠，曼胡之缨，短厚之衣，瞋目而语难。相击于前，上斩颈领，下决肝肺，此庶人之剑，无异斗鸡。"大家都是朋友，为什么要"斗鸡"呢！

作者曾问：曾听到过一些人说，老师没有什么功夫，某某高手曾"打"过您。这些贬低您的话，有时说得很不好听呢！吴师反问：你怎样对付这种人的？我回答：学生可没有那么高的修养，教训了他们，多是一些蛮力斗鸡之辈，很容易收拾的。吴老说：你还应问问，他们的拳是从哪里学来的，是不是"打"我的"高手"教的。你说的那些"高手"，有的我连名字都没听说过。有的人，品德很差，不能与之为伍。1928年，我和徐致一随鉴泉公南下，那时年青和你一样，着实和向鉴泉公挑战者打过若干架，可以说，还没有人能接近到鉴泉公的。1950年，我教你拳时，已经65岁了，叫作"满卦"，此前我就"封拳"了，不再与人拳脚切磋了。这你是知道的。你说的"高人"，多在我封拳之后才开始学拳，时空不同，"打"了我也算是奇闻！现在，有些人，拳艺不深，成"名"心切，就制造一些无中生有的事。中国武术，地位不高，过去一直被人看做是江湖下九流的活动。原因就在这里。就说你武功高超，像武侠小说中那样"废"了多少武林高手，你又怎样？你对国家社会又有多大贡献！人家看你，不过是"一介武夫"，甚至是"江湖无赖子"而已。你我都是文人习武，是教授，武术是业余爱好，研究太极拳是使中国这门古老的传统文化艺术，不致在我们手中失传，保存下去，发扬光大。太极拳是民之粹、国之宝。这比你打了几个人，有价值得多，高尚得多。有些人，非常狂妄，他们实是对太极拳无知，"狂妄"自身就与太极拳理相悖，怎么能练好太极拳呢！

吴氏太极拳不是从全佑开始的。吴氏太极拳，从谁开始的呢？下面我们提供几件史料：一、许禹生著《太极拳势图解》（1921年版）记载："有宋书铭者，自云宋远桥后，久客项城（指袁世凯，袁系河南项城人）幕，精易理，善太极拳术，颇有所发明。与余素善，日夕过从，获益匪鲜。本社教员纪子修、吴鉴泉、刘恩绶、刘彩臣等，多受业焉。"二、许禹生弟子王新午著《太极拳法阐宗》（1927年版）云："清末遗老宋氏书铭，精研易理，善太极拳，自言宋远桥十七世孙，其拳法名三世七，又名长拳，与十三势太极拳大同小异，惟其拳法注重单势练习，推手则相同。宋参幕项城，时年已七十，名家纪子修、吴鉴泉、许禹生、刘恩绶、姜殿臣诸教师，与宋推手，皆随其所指而跌，奔腾其腕下，莫能自持，其最妙者，宋氏一举手，辄顺其腕与肩掷出皆寻丈以外。于是纪与吴、许、刘诸师皆叩头称弟子，从学于宋。时纪师年逾古稀，寿与宋相若而愿为弟子，宋与纪约，秘不传人，纪师曰：'余习技，即以传人，若秘之，宁勿学耳'。于以见宋之技精，与纪师之耄而好学与坦率也。……宋氏家传本民初乱世，前辈多抄存者，宋氏在清季为词林巨子，所著内功、原道、明理诸篇幅，已播于世，允为杰作。惜晚年因瘁家居，抱道自娱，积稿盈屋，许公禹生数敦其出，皆不应，继以重金求其稿，亦不许，仅承其口传心授，一鳞半爪耳。旋居保定作古，遗著不知流落何处？徒令向往而已。"

以上两段史料，说明吴鉴泉曾拜宋书铭为师学习宋氏太极功，因与宋氏有约，秘不传人。后来鉴泉公采取一个非常聪明的办法，把宋氏太极功融入父传杨氏太极拳，这就是"吴氏太极拳"。纪子修，即纪德，本从凌山（禄禅徒，后遵命拜班侯门下）习太极拳，因宋氏不准传拳，拂袖而去。二刘皆全佑弟子，皆随鉴泉的做法，传拳亦称"吴氏"。吴图南先生在《太极拳之研究》（香港商务版）一书中公开不承认"吴氏或吴式太极拳"这样称谓。吴图南密而不传的是三世七太极功（拳）。吴老说："其实，三世

吴图南先生奋笔疾书（摄于1984年）

七太极拳，有许多根本的东西，除鉴泉公和刘恩绶、刘彩臣前辈的传系之外，是不知道的。过去宋氏有约不许外传，这对发展太极拳是不利的。"简而言之，宋氏太极拳是先天拳，是导引术，是大周天法，气循行于外，与大自然相接，故称"应物自然"。杨氏太极拳，属后天法，为小周天法，气循行于内，非常注意腰的地位；而宋氏却没有给腰以那么重要的地位，而把这个重要位置赋予天地，说："我赖天地以存身，天地赖我以致局。"杨氏注重虚实；宋氏重开合。一开一合为一混沌；虚实不清，触摸不定，故曰："先天逆运，浑噩一身，回归混沌。"宋氏打六阳经，即手三阳经和足三阳经。六阳经循行人体外侧，与天地相连。人身毛孔也遍布于人体外侧，即手臂外侧，脊背、足外侧。人身毛孔遍布人体外侧，神经密集，触觉极敏感，故曰："混元一气感斯通"，又曰："全体发之于毛。"这都有具体的练法，吴氏不传亦不言。也许当年就预见了有今日之争！

吴图南先生常说："一位武术家成名，不是靠两个拳头'打'出来的。这样的人，谁也不会服他的，要以理服人，要看对太极拳的传承和发展的贡献，比这个。杨禄禅公最伟大的贡献是把太极拳从广府带出来，传遍天下，不是因为打遍天下无敌手，那是

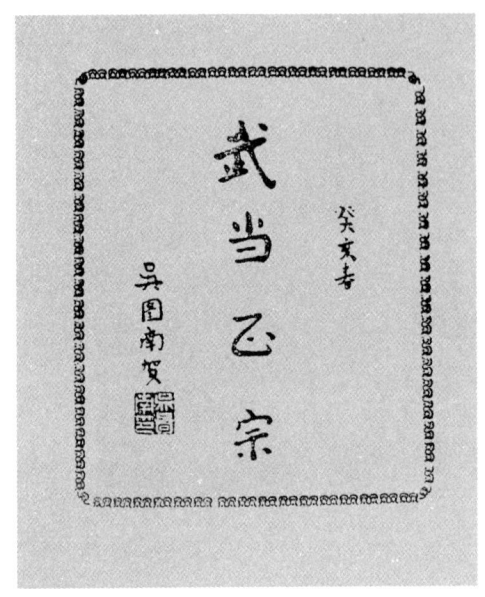

吴图南先生墨宝

不可能的。当时,北京的硬手是形意拳,一大批形意好手,还有八卦,可不是现在这个样子。能说把这些形意、八卦好手都打倒了吗!把禄禅公称为'无敌',是在用火烤他,是降低了他的地位,是为他树敌!武术家,要心怀若谷,不能人家说自己几句贬低的话,就火冒三丈。老子说:'坚强死之徒也,柔弱生之徒也',练太极拳就是修的这个,哪有越练越火暴的!"

吴图南先生对武术的历史和理论有深入的研究,读书极丰,凡历史、天文、地理、兵书、医学、文学、杂家,无所不读。这为先生研究中国武术历史、原理和技法奠定了坚实的基础。先生于1933年被中央国术体育专科学校聘为国术理论教授,在教学中编写了国术史、国术原理、国术教育的教材,后以《国术概论》之名由上海商务印书馆出版。这是中国首部科学系统整理、编写的国术史、国术原理和国术教育的书籍,对中国武术研究做出重大贡献!先生在该书自序中写道:"民国十七年,中央举行国考之后,著者以为国术之本身,缺乏中心理论,与夫相当之整理。于是公余之暇,一方面从事于理论之著述;一方面致力于分类之整理。"又"廿二年秋,中央国体专校成立之初,该校聘予为国术理论教授,予乃就平日发表对于国术之主张,与夫廿余年来研究之管见,分为次第,编成讲义,名之曰:国术概论,用启后学。已而各地学校相与效尤,均沿用之。国术概论之名称,遂成为今日科学上之名辞矣!亦著者中心理论主张之实现也夫!"由

1933年吴图南在第一届全国运动会上参加传统射箭比赛

此,可见先生对提高国术的科学地位,用心良苦。先生说:"数年以来,各地传习,增删数次,今年(一九三六)岁首,而稿始定。其中范围,虽属广泛,要为概论,自难周详。另有概论详解,正在整理中。"然而,越年,抗日战争爆发,先生辗转大后方,被迫辍笔。50年代之后,先生奋笔耕耘,虽积稿盈屋,"文革"之初,付之一炬,终未刊出。今先生已逝,愿随人去,今后不会再有详解了!

先生坎坷之人生,前文已言及,不见者实难想象。先生一世清高,极不愿以教拳谋生。先生是多才多艺,满腹经纶,凡考古、陶瓷工艺、书法、中医药都有高深的造诣;凡中国之武艺,若弓箭、刀马、摔跤、太极,皆执牛耳,然无所应用,惜哉一世。生活上亦清寒一生,常夏着一单,冬被一棉,粗茶淡饭。然而,先生却乐观人生,笔耕身教,虽未能竟业,然终不自弃,发扬太极拳之事业,贡献如斯,也无愧于世矣。

以下为吴图南先生摄于1983年的一套拳照,以供同好欣赏借鉴。

十一、访吴图南先生故居

先师吴图南1948年至1966年"文革"开始,一直住在北京市西直门内晓安胡同八号。当时还有北京城墙,就在北京城墙脚下不远,抬头就看见城墙。1966年6月开始了"文化大革命",先师一家被红卫兵抄家,扫地出门,被赶到一间废弃的破房子里居住。

60年后,2010年9月29日,作者和俄罗斯的太极拳学者、汉学家安德烈先生重访先师吴图南先生故居。到了西直门里竟然找不到原来的胡同口,问了许多人:晓安胡同在哪儿?竟无人知道。于是,我只好冒险,钻进一个小破烂胡同,就是院里胡同。本来是一个大院子,由于几十年来人口增多,不断地加盖一些简陋房子,在院内形成仅能通过一个人的东西南北乱拐胡同,去敲人家门。好不容易有一家开了门,出来一位中年妇女。倒是很热情,问你们找谁?我说:"我打听一下,晓安胡同在哪儿?"她说:"你真问着了,别人还真不知道。"于是,她详细地告诉我们怎么走。我们按照她指的路线,很快找到晓安胡同,已经大变样了。原来在西直门城墙里的一条很长的胡同,就剩下三十米左右的一段了,我依稀还能认出来。问了几家住户"晓安胡同八号",都是后来搬来的,不知道有"八号",但是确认这是晓安胡同。我看到一排五间平房,惊喜过望!多熟悉呀!这不就是吴老的故居吗!房子西面的小角门正是60年前我天天早晨出入的吴老家门。然而院墙门关着,我敲门,没人应声。我只好敲开胡同对面的一家院门。出来两位妇女,五十多岁模样。我问:"八号在哪儿?"其中一位说:"你找谁?"我说:"吴图南",她回答:"你打听的,是不是吴三啊?"我还真是头一次听到有人叫"吴三",哪怕叫吴三爷呢也好呀!她又说:"挺高个儿,戴眼镜,留着长胡子。"我一听靠谱,我说:"老姑姆俩(北京土话,就是老夫妻俩)。"她说:"对!女的挺高挺瘦。"她接着说:"'文化大革命'红卫兵抄了他们家,抄出很多值钱的东西,那么多练剑的玻璃底片,可好

今天的晓安胡同。眼前五间平房就是吴图南先生故居晓安胡同八号。（摄于2010年9月29日）

啦。都给砸碎了！"至此，用不着怀疑了，说的就是吴图南！我说："没错，就是吴图南。"她说："'文革'时，他们被扫地出门了，从那以后再也没回来。"她指胡同对面我们看到的那排五间平房，说："那就是晓安胡同八号"，又说："就一个老太太住着，她儿子常来看她，送些吃的东西。现在老太太走了，整天不开门，好些日子了。"我赶快拍了一张照片，保存下来。照片尽头高层楼房的前面是二环路，是拆了北京城墙修的，原来是西直门城墙，今天已不见踪影。恐怕不会太久，晓安胡同也就要彻底消失！

从这次寻找吴图南先生故居的过程，我无意中从一个侧面认识到，吴图南先生生前讲的许多事是确实的。武术界，有不少人诋毁过吴图南先生，说他讲的许多事不实。这里我举两件重要的事例证明吴图南先生讲的事确实可信：

第一件就是我们这次探访吴图南故居，晓安胡同邻居说的"许多练剑的玻璃照相底片被红卫兵抄出砸碎了"。这是上世纪30年代吴图南先生为编写《太极剑》一书，拍摄的太极剑全部套路的照相底片。那时的底片都是一片片玻璃制成，有非常珍贵的武术史料和文物价值。吴老能经历年战乱和解放后多次政治运动，从1930年保存到1966年，经历三十多年毁于一旦！上世纪50年代，我跟吴老学习太极拳时，吴老曾对我说过他保存有太极剑照相底片的事，但我从未看到过。此次寻访从邻居口中证实，这是确实的。

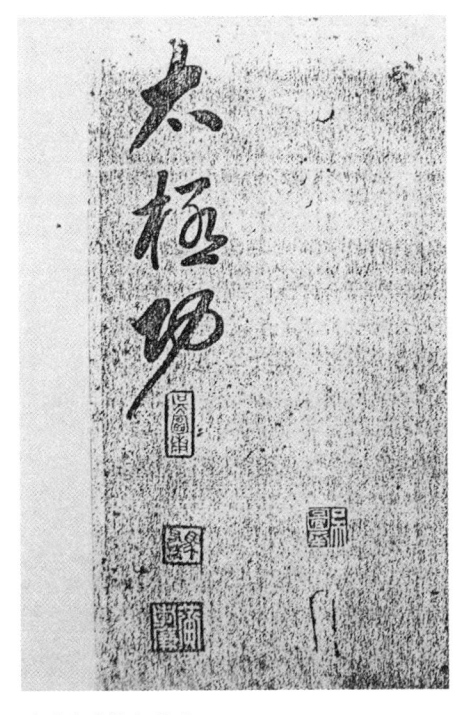

吴图南手抄本封面

第二件，吴图南先生在《太极拳之研究》一书中曾说：在辛亥年（1911），他的一位朋友送给他一本手抄《宋氏家传太极功源流支派论》，宋远桥记。当时，京师（北京）遗老宋书铭善太极拳，也有一本《宋远桥太极功源流支派论》，内容完全相同。吴图南先生的这一说法遭到许多人的非议。吴图南先生说，他留存有此文献之原件并抄了六本，送给纪子修（纪德）、吴鉴泉等人。太极拳界许多人不相信吴先生的话。此件，1989年吴先生作古之后，落入香港马有清之手。笔者得到吴图南先生此文手抄本之复印件，本书第三篇第一章附有手抄本。

第二篇 轶事

第一章　千里寻太极*

一、误入师门

（一）从看武侠小说而习武

我与武术结缘要从上小学讲起了。1936年我上小学，学校叫河南街国民初级学校，是全市较好的小学。同学里有个叫王魁武的，父亲是个商人，很有钱。他体质弱，跟一位叫阎振都开武术馆的学习"小红拳"。当时的教育制度是各门课（语文、算术、体育）都由一位老师教。一天，老师身体不适，不愿讲课，让同学表演节目。大家知道王魁武会武术，一起喊"王魁武练武术！"王魁武上来，打一趟小红拳。这引起我的兴趣，萌生习武的想法。这是我头一回动了习武的念头。王魁武这小子，书念得不怎么样，课外闲书却看了不少，主要是武侠小说。老师有时懒了，就让他讲故事。王魁武还真有说书的本事，讲《小五义》，滔滔不绝。我特别爱听，对他讲的"侠客"入迷。后来，因为老师不能把教室变成王魁武说评书的茶馆，就不再让他讲了。我们班上有些同学带来小人书给大伙看。这些小人书主要是按照武侠小说的内容画的。我记得有《三侠剑》、《小五义》、《荒江女侠》、《雍正剑侠图》等等。我看到书中一些侠剑客飞檐走壁，高来高去，非常向往。认为这都是真的，很想找到高人，学习这些本领。

---

* 此章讲述编著者自己的习武历程及他是如何跟吴图南学习太极拳的。

一项非正式的调查表明，中国习练武术的爱好者，有80%都直接或间接是受武侠小说影响而开始习武的。当然，并不是说爱看武侠小说的人都走上了习武之路。然而，确实不少人货真价实地因痴迷武侠小说而习武。

在旧社会，没有专业武术队，没有拿金牌的武术比赛，仅靠武术吃饭的人是很少的。开武馆授徒的，多数并非武术高手。武术常是作为自卫防身工具；或纯粹是业余爱好，一种修身养性的方式。武术随三教九流，各行各业人物而流行全国。如此，就产生了众多的奇人轶事，以武艺串联起来，经艺人加工而成说部，这就是武侠小说了。

《荒江女侠》、《江湖奇侠传》、《雍正剑侠图》，是对我习武影响最大的几部书。

《荒江女侠》是当时上海一位言情小说家顾明道著的小说，书中穿插侠女方玉琴与英俊潇洒的青年侠客岳剑秋的恋情，和他们高超的武功相融，情节动人，引人入胜！

《荒江女侠》的故事是：在我的家乡东北松花江支流渔村，有一家姓方的农户，当家人原是落草为寇的大盗，晚年金盆洗手，在此渔村隐逸，务农捕鱼，安度晚年。谁知，祸从天降，被寻踪到此的昔日仇家所杀。其女方玉琴，被一位昆仑山高僧救走，收为弟子传授剑术，功成，下山报父之仇。由此引出许多江湖高手相互厮杀的故事。其间穿插有晚清的白莲教活动。最为奇妙的是，剑侠云三娘，能用手指发出一道白光，指挥两粒银光四射的剑丸，取人首级，厉害无比。这部电影，令我痴迷地追逐观看。当看到云三娘施放两个剑丸时，满场观众鼓掌，高声喝彩！回忆起来，有点傻帽儿。

《江湖奇侠传》是另一部奇书，作者向恺然用平江不肖生的笔名发表，一经出版，就"洛阳纸贵"，大众争相购买，先睹为快。《江湖奇侠传》被改编成连台本电影《火烧红莲寺》。当时在上海可谓万人空巷，平江不肖生也一时走红大江南北！

《江湖奇侠传》讲的是平江和浏阳相邻而居，可是为了争夺赵家坪这块良田,每年械斗,胜者可获赵家坪耕种一年并收成,来年再斗。每年械斗,双方都有死伤。江湖上的昆仑、崆峒两个武侠宗派卷入,各支持一方乡民。崆峒派被描写成邪恶的一方;昆仑派被描绘成正义的一方。故事荒诞不经,各派剑侠都是空中飞行,飞剑伤人,十分了得!若不会飞剑,任凭有多高的武功都无济于事。这种神奇怪异的故事,由于写得绘声绘色,居然有读者信以为真,要到昆仑山寻师学练飞剑!我虽然怀疑,却也蠢蠢欲动。父母对此有所警惕,不准我看这类小说。然而,我还是偷着看。

但对我习武产生决定性影响的,并非《江湖奇侠传》,乃是《雍正剑侠图》。这是民国初评书艺人常杰淼说的一部评书。常杰淼显然精通武术,他在书中讲述各种武术门派、拳种和冷兵器械,以及诸多暗器等等,大多是真实存在的。而且,他能讲出各门武艺的特点和精妙之处,故事又十分动人;描写故事的主人公童林童海川的习武成长过程,真实可信。这深深打动了我,不单让我动了习武的念头,还下定了习武的决心!

童林童海川的原型是晚清武林巨擘八卦掌创始人董海川,他培养出一大批八卦掌高手。常杰淼的高明之处,是他把中国各门派武技,按水平高低做了排序:哪个门派是花拳绣腿;哪个门派是中等;哪个门派是顶尖绝学!他通过人物习武过程和相互打斗比拼的故事表现出来。他书中讲的这些,多被我以后的习武实践证实,甚至成了后来我习武的指南。

书中主人公童林,因为赌博误打老父,出逃,在荒山野岭中遇到两位剑客,拜师,跟随两位师父学习八卦柳叶棉丝磨身掌。两位师父让他每天绕树转圈,这种功夫就是今天的八卦掌。习武15年,童林下山闯荡江湖。他接触到外面一个武术天地,众多门派的拳法、刀法、剑术、奇兵、暗器等等。童林跟随清朝四贝勒(即雍正,登基之前是康熙第四皇子)行走江湖,结识许多顶尖的武林高手,如四大名剑客和他们的师傅袁大化、江南剑客吕留良等等。以至于随便遇到一个对手,童林都不能招架。常杰淼在

《雍正剑侠图》中，引入西方的等级概念，把江湖武林人士，不问三教九流，按武功高低分成侠客和剑客两个等级。似乎侠客永远敌不过剑客，能接剑客三招两势，就不简单了。一旦某侠客击败了几位剑客，这位侠客就被尊为剑客。然而，这是非常不容易的，不能是偶然的胜利，必须是武功达到剑客水准，得到江湖上公认。

常水淼还提出一个门户（流派）标准，就是不论打斗或是打擂台比赛，都必须使用本门的招法，不能乱打。例如，小红拳门的人，打斗必须使用小红拳门的招数，出直拳、弹腿的招法；劈挂掌门必须抡臂就劈，接手就挂等等。不能一急就乱打一气，没有章法。今天的武术比赛，单练套路头头是道；二人对抗，就乱打一通，一塌糊涂！

（二）误入师门习花拳绣腿

《雍正剑侠图》中，童林在荒山老林之中看到两位道长，行走如飞，在后面追赶。赶来赶去，前面一条大河挡住去路，只见两位道长，一提气从河面走过去，鞋都没有湿！童林着急，大声呼喊："两位仙长止步！"其实，两位道长早就发觉有人在后面追赶，就回来询问童林怎么回事，童林把想寻找高人学习武艺的前情，告诉两位道长。从此，拜两位剑客爷为师，学习武艺。

我非常想像童林一样，拜高人为师学习武术，但我的老家吉林市，不是武术之乡。当时，在市面上开武馆教武术的只教大小红拳的阎振都，教八极拳的袁景春，以及一位姓常的教太极十三势，这可数的几位。他们的功夫均属一般，拳法都不正宗，甚至所会的套路都不齐全。我想习武，到哪儿去找高人？

我邻居有一个伪满当警察的，他在一个武馆学习武术。我跟他说我想学武术。经他介绍，我到他习武的武馆学习武术，学费每月一元钱。我从上学的午餐费每月省出一块钱交学费，就这样开始学习武术。老师姓严，教太祖拳。我学了一年多，学了一趟太祖拳。这套拳，共有三十二势，动作不算快，五分钟打完。我学了这套拳，自以为是会武术了。在学校，总想露两手给同学看看。同班有个姓李的同学,跟我个头差不多,比我壮,平时同学打闹,都打不过他,被他打得跑,都怕他;我打不过他,也怕他。现在不同了,我学会武术,不怕他了,不买他的账!一天课间,我挑战他,跟他打起来。我两手握拳,抡圆双臂,挥拳如飞。这小子不接我的拳,我正挥拳上时,他看准了,一拳打在我脸上,打得我两眼冒金星,什么也看不见!退出战斗。我闭上眼睛,呆了好长一会儿,睁眼才看见东西,没瞎了。我问自己,这叫什么武术?一点也不管用,白练了!人家告诉我:你练的是"花架子",打不了人。

(三)看"少林派老少英雄真刀真枪登台献艺"

每年阴历四月二十八日,吉林北山娘娘庙会,届时万人空巷,到北山逛庙会。一时间,山上山下方圆十里,摆满地摊,贩卖各种吃食、瓜果、玩意儿、烧香供品、花布、鞋帽;拉洋片、说大鼓书;抽签、算卦,三教九流,无所不有。游客人山人海,热闹非凡!

这天,有一处场景,非常抢眼,那就是吉林市新庆戏园打出显眼的大字海报:"本园特聘到河南嵩山少林寺百位老少英雄真刀真枪登台献艺"。百位少林寺老少英雄,是从哪里来的呢?远在河南,近在眼前,就是严师傅武馆的我们这些徒儿们!小的七八岁,大的二十上下,老的就是师傅了,纷纷轮流登台表演。初学者上台踢踢腿,翻几个跟头;学了一年半载的打趟拳;两三年的耍刀弄棒。最受欢迎的要数单刀进花枪和空手夺刀了!双方交手,全按套路进行,刀砍过来,连看都不看,低头就往地下趴,一刀贴头皮剁在舞台上,引起一片喝彩声!一转眼,刀被对方空手夺去,又是招来一片喝彩声!当时,我初来乍到,一套拳还没学会,免得现眼,安排在台下鼓掌叫好,当个托。

可见,今天的武术套路表演,并非新鲜玩意儿,早就有了。明代周楫作《西湖二集》第三十回,有:"相处一般恶少,叶宗满、徐惟学、谢和、方廷助等,都是花拳绣腿,好使刚气,三十六天罡、七十二地煞之人。"

（四）在严师傅武馆

吉林北山下往东几百米，有一家小食品店，叫"杨家床子"，店主姓杨，跟严师傅至交，他大儿子、小儿子都跟严师傅习武。大儿子练一趟泼刀，四尺半长刀杆，二尺半长的刀头，刀有圆形托盘，练起来哗啦啦作响。今天武术队，也有这玩意儿。小儿子"神"了，练一趟"通背拳"。这趟拳，从头到尾由二起蹦子、旋风脚组成。练起来就听噼里啪啦手掌打脚面声，响个不停，两分钟完了！杨家小儿子，长得又小又瘦，打这趟拳，像个小猴子。严师傅非常得意！

严师傅武馆，是临街租的三大间房子，打通了有十几米长，六七米宽的样子。每天下午两点开馆，六点闭馆。每人每月收一块钱，有二十多人学拳，维持生活也就够了。他有一个儿子当警察，所以全家生活没问题。当时，严师傅武馆，经常有二十多人习武。他打出的门户是"太祖拳"，今天看，根本不是正宗，完全是花架子。每天开馆后，大家先压腿，劈叉，下腰；然后，每人练一趟太祖拳；新来的，在旁边看着，一边习练师傅教的架势，师傅不时指点一下。当时，我对严师傅很崇拜，对他的指点觉得很神秘，也很荣幸，反复思考体会。等大家轮流练完了，新学者就没事了，就站在一旁，看老的徒弟练。主要是杨家兄弟，老大练泼刀，小的练通背拳。还有一位姓郑的师兄，是个中学生，小伙子长得很帅，个头儿很高，身体很壮。他练黑虎拳，呼呼生风。黑虎拳是黑虎门的拳法，属下九流黑道拳法，即盗贼的拳，出手阴毒，不择手段，为正道所不齿！然而，郑师兄拳打得很得体，非常漂亮，常有人围观。严师傅武馆设在吉林市有名的"窑子街"（妓院集中的地方）入口处，不少小窑姐儿（妓女），没客儿时也来看我们练拳，有的还真想学两手。每当郑师兄练拳时，武馆门口常围一帮窑姐儿看热闹。有一次，郑师兄练刀，刀被耍得虎虎生风，叫人眼花缭乱，有窑姐儿竟叫起好来！闹得郑师兄一个大红脸！师兄弟开玩笑，说"你不领一个姐儿回家！"

（五）转八卦成了"飞天"

杨家床子的小儿子是严师傅的得意弟子，拳、刀、剑、棍全会。当时，我们不知道那些都是"花架子"，很是羡慕。有一天，严师傅兴起，和杨小儿子揉起手来（当时，吉林把太极拳推手叫"揉手"）。只见二人双手搭着划圈，越转越快，转了十来圈，严师傅一把，将杨老小给拎起来了。大家一片叫好声和掌声。

严师傅头脑膨胀起来，说："这小孩儿将来谁也打不过他！"他说：方才练的是八卦太极，转八卦步，上面是太极揉手。接着说："这八卦，我转了几十年了，功夫全在这圈里头。"说着说着，他就转了起来。开始转得较慢，姿势也高。越转越快，姿势也越来越低，真有点行走如飞的劲头。于是，大家又叫起好来，掌声雷动！严师傅乘兴，转得更快，飞起来一般。就在此时，就见严师傅失控，沿着圆圈切线，一头穿出来，对着屋里一张八仙桌撞了过去。严师傅本能地双手扶着桌子，把桌子推出好远，撞到墙上，停下来。再看严师傅，倒在地上，直翻白眼，闭过气去。可把大伙儿吓坏了！有胆大的，给严师傅顺了半天气，才缓过来。

严师傅的八卦掌表演，使我彻底失去了对他的信心，我决定不跟他学习武术，他不要误人子弟了！

我后来了解到，太祖拳其实是中国最古老的拳种之一，全名"宋太祖三十二势长拳"，其中大部分拳势被明朝抗倭名将戚继光收入所著《纪效新书·拳经捷要篇》中，取名《拳经三十二势》，后来发展成太极拳。通背拳，也叫通臂拳，模仿猿猴动作，手法有摔、拍、穿、劈、钻。清末，祁信传弟子涿州人陈庆，陈传王占春、张策等人。作者老师著名太极拳家吴图南，1930年曾从张策学习通臂拳和刀法。

二、明师难求

（一）巧遇明师

看来，要拜高人为师还真难。说来也巧，有一天傍晚，我们胡同里的邻居，各家的年轻人聚在门口空场。王家大儿子王

冠安，一时兴起打了一趟拳，只见他满场转，拳带风声，动作快速、利索。打完之后，我问他：这是什么拳？他说是"八卦掌"。问他在哪儿学的，他神秘地不肯说。我表示想跟他学。他推辞说，他不行，功夫差得远。在我一再追问之下，他告诉我，师父叫"刘锡九"。我再问，刘师父住在哪儿？他说不知道，不过答应帮我打听。

过了很长一段时间，有半年吧，一天王冠安见到我，突然告诉我：刘师父常到河南街（吉林市一条主要商业街）徐大夫（中医）诊所那作客，你去找徐大夫，就能打听到刘师父住在哪儿。我非常高兴，立即找到徐大夫，说明我的来意。徐大夫大约五十多岁，其实我早认识他，他给我二妹看过病，是位恩人。他非常热情，先纠正我说：刘师父不叫"刘锡九"，他叫"刘自久"，是"戳脚翻子"。我听成"矬脚番子"，什么是"矬脚"我不懂，"番子"我懂，看《精忠岳传》里有"小番"一说，即与岳飞打仗的金兀术的番邦小兵叫"小番"。我还以为刘师父不是汉族人，是少数民族呢。"矬脚"是不是腿有毛病？也未敢多问。徐大夫告诉我刘师父的住址，他独身一人住在一位叫张星如的朋友家里。我按图索骥，找到张星如家。正好刘师父和张星如先生都在，我讲明拜师学艺的想法。刘自久师父，河北深县小刘贯庄人，六十多岁，头发已花白，个头不高，很硬朗，满面红光，两眼炯炯有神，慈眉善目，和蔼可亲。张先生说："自久先生是形意拳大家，形意拳宗师郭云深的弟子。你这样拜师学艺不成规矩。自久先生喜欢喝酒，你下次来，称二斤猪肉，三斤好白干酒，孝敬师父。教不教你看你造化！"就这样，把我打发走了。二斤上等猪肉、三斤好酒，不是什么高的条件。可是对我这样不能向家伸手要钱又不挣钱的学生来讲，可就难住了。于是，我把上学的午餐费节省下来，平时给家买菜钱剩下毛八钱，一点点积攒下来，终于买了二斤新鲜猪肉、三斤一大棒子（东北话酒瓶子）好白干，给自久师父送去，这才收下我，教我学拳。

当时正值隆冬，雪下得特别大，我早晨五点钟起来，到师父家。张星如师叔家三间砖瓦房四口人，师叔、师婶、二个女儿住在西间，自久师父住在东间，中间是厨房，有通院子的房门，锅灶兼烧火炕取暖，东北房屋都是如此。师父早早起来，和我到院子里扫雪，用抬筐把雪抬到院外大街上。因为院子很大（大约10米×5米），雪下得又大，有半米深，所以，清完雪就快七点了，我赶紧回家吃饭上学了。天天如此清理积雪，一连有一个月，一天武也没学，天也确实不好，差不多天天下大雪。也许是师父成心考验我。倒也好，我身体强壮了很多。一天，天气晴朗，师父终于教我拳了，先是踢腿、下腰、压腿基本功，然后是一步三拳，打直趟子。后来练习十趟弹腿，我心知肚明，这是基础拳法，因为《雍正剑侠图》里都讲过了。如此，经过了两个来月，师父夸我身形好，开始教我形意拳。形意拳，我知道这是一门高水平的功夫，《雍正剑侠图》中也有提到，于洞海老侠客就是形意门的功夫。从此，我跟刘自久老师开始学习武术，直到1950年9月我考入北京清华大学上学，前后有六七年。

（二）刘自久大师是位武术篓子

刘自久先生，终生过着单身生活，嗜武如命。他闯关东，到吉林市定居之后，拜奉天三老之一杨俊峰为师，学习戳脚翻子门的武艺。杨师爷是民国初年（20世纪20年代）著名的关东大侠奉天（沈阳）三老之一。1931年定居吉林市，所传戳脚名"九转鸳鸯腿"，也叫"枝子腿"，共九趟；翻子拳有萃八翻、青云翻和捋手翻子。杨师爷曾从河北"神刀"周六爷，研习化展拳，作为家传秘技，从不外传。他刀法出众，有拦刀、形刀、武侯刀法；剑术有六趟昆吾剑。有二子：长子20世纪30年代外出经商，在山西招赘，回东北老家探视一次，"七七"事变后断绝音信。二子杨景春得传。此外，授徒有刘自久、王佩章。景春传王顺成，自久传于志钧；志钧传福建林山中九转鸳鸯腿九趟，王顺成传魏功九趟枝子腿、迎门三不过，这是大概的传承。

我从自久师学得十刀、拦刀和武侯刀。十刀是基础刀法，一共十势，朴实无华，每势都是实用招数，有刺、劈、撩、倒撩、

"奉天三老"在民国十四年（1925年）与弟子们的合影，左起第三人起依次为杨俊峰、郝鸣久、胡奉三。

崩、剁、剪、砍、戳、盘、绞共十刀。

形刀与拦刀，一文一武，我年少，师父教我的是拦刀。拦刀，快速，硬碰硬。

武侯刀刚柔相济，软硬得体，有"运筹帷幄，决胜千里"之势。

杨家刀法，杜绝缠头裹脑和玉带拦腰之花法，称为"寻死之术"。

刘师教我学刀时，对我说：咱家的刀，绝没有缠头裹脑、玉带拦腰的招式，你杨师爷说这是江湖上混饭吃的卖艺人糊口之术。说敌方用刀砍我脖子，我用刀绕着脖子一转，把敌刀防开，这是一派胡言乱语！我猛力砍你脖子一刀，你用刀围着脖子一转，结果必是人头落地！不信试试看。

拦刀是我所习刀法中，我认为最好的刀法。

拦刀刀谱如下：

亮刀势　仆刀　穿刀　反手撩刀　劈刀　坐步藏刀势　上步劈刀　提刀加腿　坐盘压刀势　云刀加腿　旋身压刀势　刁刀势　压刀势　反臂摇刀　挂刀　大鹏展翅　转身提刀势　袖箭刀　饿

虎扑食　翻身提刀势　推碾　白马跳龙门　刁刀劈刀势　右挂刀　刁刀挑刀势　戳脚挑刀势　倒刀势　进步拦刀势　倒步拦刀势　刁刀势　进步挑刀势　旋身大劈砍　左臂大劈砍　刁刀　挑刀　劈刀　压刀　收刀势

以上共六趟（来回）三十七势。

拦刀是杨师爷与河北"神刀"周六爷共同研究得来的。

这趟刀，我非常喜爱，当年练时，身形低，速度快，招数准确，力道厚，深得师父好评。刀法中袖箭刀神妙，出其不意，非常难防。一天早晨，是星期日，师父还没来，我正在北山上活动腰腿，一位五十多岁模样的人，留着两撇小胡子，穿着白褂子上衣，手拿一根短棍，走上山来。站在旁边看我活动，看了一会儿，走近我，说："小伙子！练什么呢？"我回答："瞎练。"他伸手就抓我胸脯，我一缩身，出手挡他，他一翻手，用擒拿法把我手臂反关节拿住，我一时破不开他。这时，师父上来了，喊了一声那个人，说："别拿小孩子开玩笑。志钧！这是你徐师叔，还不快行礼！"那个人把手松开，我不情愿地点下头。他这下给我来个突然袭击，我毫无思想准备，叫他拿住了，我再反复，晚了。我不服，说："师叔，我和你过过刀！"他说："好哇！"于是，我拿一根短木棍当刀（当时没有真的刀剑，都用木棍代替刀剑）。我说："请师叔先出手！"他也不客气，出刀（棍）就直奔我肚子扎过来；我一侧身上步，用了一招"袖箭刀"，贴着他的"刀背"就扎了过去，一下捅在他肚子上。这时，师父喊："住手！志钧不得无礼。"明显地让徐师叔下不了台。我跳出圈子，给徐师叔鞠了个躬，把师父面子给找回来了。事后，徐师叔夸赞我，这招用得太好了，有出息。又问刘师，这招是什么？我怎么不知道？教给我！师父说：拦刀呀！原来，徐先生是位药材商，跟自久师父学习武术，因为年纪大了，收为师弟，成了我的师叔。

照片上的拦刀，招式名曰"袖箭刀"，刀从袖子底下穿出，很难防住，是我在2004年拍摄的，已距当年62年之后了。

作者演练拦刀的袖箭刀势（摄于1995年）

（三）刀削快刀常

伪满时期，吉林市有个开武馆姓常的师傅，他是练长拳（少林拳）的，以刀快出名。他听说刘老师的武侯刀厉害，不服气，总想找刘老师试试。

一天，吉林市举行武术表演大会，吉林市的各路武林豪杰都来了。当时是自愿登台表演，不预设节目，即兴一位接着一位表演，没有比赛要求，更无刀光剑影的厮杀对抗。大家都是单练，少数对练表演也是自家人编排的对打套路。这样的会，杨景春师叔都要表演化展拳，又名叫"挂画"，据说练到性起，能在墙上贴几秒钟。化展拳是杨家家传，传男不传女，传媳不传婿。当然，这是江湖陋习。

常师傅上台表演一趟快刀，基本上是今天武术竞赛套路那种刀法，单手挽刀花、缠头裹脑、玉带拦腰、夜战八方藏刀势，背刀旋风脚、落地大劈叉之类，博得观众一片叫好声。常师傅很得意。

我师父上台演练一趟形刀，刀势沉稳大方，没有蹲、蹦、跳、跌之类的东西。看起来很不起眼，练完了，正打算下台，常师傅上来了，拿把刀冲刘师一抱拳，说："请教！请教！"刘师说："请教什么？"常说："接你几招刀法。"刘师说："好！进招！"常说："你年长，请先出招！"我师父也不客气，一刀抢劈常的头；这招给了常师傅一个便宜，他果然中道，斜身上步，出刀剪刘师握刀之腕；就见刘师一提刀护腕，刀交左手，上步斜扫常的肚子；常喊声"不好"，急忙往后一坐，躲过一刀，上衣前大襟被刘师的刀扫一个半尺多长的口子，连声说："好厉害！"刘师顺口说："微末小技，厉害的还在后面，今天是客气！"

刘师用的这招是什么呢？就是"十刀"中的"挂刀"和"扫刀"。太极刀里也有这一招刀法，叫"斜飞势"。

（四）三段昆吾成绝响

杨家不外传的绝技有三：化展拳、武侯刀、昆吾剑。

化展拳传男不传女，传媳不传婿。意思是不能传出家门外。这显然是封建陋习，不利于武术的传承发展。其实化展拳也不是天上掉下来的或深山古穴中的藏宝武林秘籍。它是杨俊峰师爷与"神刀"周六爷一起研究的产物。其中一个重要的步法叫"地行步"，据说是练习轻功的方法。

杨师爷有两个儿子，大儿子杨景山失踪；二儿子在1949年年过半百，仍没有男孩子，一窝仨丫头。是年，我师父也六十有六，他跟杨师叔说：你没有儿子，化展拳再不传，可能就传不下去了。我也练不了啦！我看，志钧这小孩不错，各方面都好，悟性高，你不如就教了他吧。杨师爷1934年过世。此后，杨师叔就不那么保守，看家的武侯刀、昆吾剑，陆续都传给了同门盖过头、递过帖的师兄弟了，只有化展拳不愿传授，甚至都不让看。杨师叔勉强同意了我师父的意见，答应传给我。于是，我就开始跟杨景春师叔学练化展拳，学了一年，到1950年8月，我才学了一半。这时，我考取了北京清华大学，要到北京上学。杨师叔对我说：看来，你只有半趟拳的缘分，这就够你用一辈子了，到

关内闯闯看，就知道我说的话不错！

从此一别，可称永别！此后，我再也没有见到杨师叔。55年之后（2005年），我回到老家吉林市，得知杨师叔的余生十分坎坷，多次被当作"历史反革命"、"封建残渣余孽"批斗，一身功夫，无处施展，郁郁而终。我打听化展拳后半趟是否有人继承，始终不得要领，或成广陵散矣。

化展拳的妙处在哪里呢？

首先是"地行步"，也叫"蛇行步"。这种步法，身形极低，腿擦地而行。这在我后来跟吴图南大师学习小架太极拳时，非常受用。小架太极拳有个拳势叫"七寸靠"，是用肩臂靠对手的小腿，动作突然，姿势极低，靠上对方就跌出丈外。我正好用上地行步。再有，地行步极快，小架太极拳也极快，二分钟之内打完二百多个动作，当时我能做到。第三，小架太极拳的拳势要求"搂膝拗步"前蹿一丈（三米）；"倒撵猴头"后坐八尺，地行步可轻松做到。

再有化展拳有"滑步"插指，当对方紧逼，脱不开身时，一个"滑步"就能脱开；同时，伸手，手指就插敌面部双眼，手指如铁，重创对方。此势还可改插指为啄目，出其不意，防不胜防，拳打不知。

最奇妙的是"挂画"，杨师叔说：先练脚面与小腿相扣，练到紧贴时，即成。这时，可纵跳五尺，人贴在墙上数秒。但是，我仅听杨师叔说过，没见过他练。我始终也没做到脚面贴小腿迎面骨，所以也贴不上墙。然而，好处是有的，纵跳的能力大增。

化展拳，我仅教过一个学生。1998年，北京科技大学的一位女研究生唐丽华跟我学拳。我看她天生的柔软性非常好，就让她练化展拳。她练得很到位，可是把拳练成跳舞了，很好看，不好用。没办法，此时我已不能练了，只好由她练，录下像来，保留个样子，看以后何人有缘了。也可能，此半趟化展拳也成广陵散！

唐丽华还练了全套九转鸳鸯腿九趟，也练成了舞蹈，不过总

编著者与徒弟们合影，左起张国安、张永林、林山中、杜春红、于志钧、殷际强、王志军。（2009年7月摄于吉林市）

算留下像来；福建泉州林山中，在我教授下，参考录像，练得还不差！九趟枝子腿，挺有力。

  刘师的剑法，有梅花剑、三才剑和昆吾剑。梅花剑，套路不长，轻灵敏快，至今我还记得。教了位叫张秀敏的女弟子，她是海淀区体委跳高教练，弹跳力极好，一米七五的个头，身体很棒，有力气，眼力极佳，动作灵敏，是非常好的武术料子。梅花剑，她练得非常到位，出剑有力，下势极低，招式准确，速度快。一般习武者，很难招架她一剑。

  三才剑是形意门的剑法，我也教了张秀敏，是一个对剑套路，非常实用。我陪她对练，我时年过花甲，练起剑来，轻松不减当年。录了像，以备又成广陵散。张秀敏剑感极佳，出剑狠；身形灵敏，一般习剑者绝难碰到她丝毫！

  昆吾剑，古称剑为"昆吾"。有许多剑术套路，以昆吾称之，传承各有说法，至今大多数流为花法。杨家昆吾剑的来历，传自河北周六爷，与化展拳同源，故杨家珍为"家传之宝"。1934年，杨俊峰过世后，由其二儿子杨景春外传给刘自久、王佩章。

我从自久师学习武术，梅花剑法、三才剑法都传给我，唯独昆吾剑法未传。我见过自久师练过此剑术，共有六趟，各趟单独形成一套，招数怪异，很难模仿。我多次看到自久师演练昆吾剑，也没能记下一鳞半爪，我太愚顽，不知此后，昆吾是否会成为绝响！悔之晚矣。为什么自久师不传？自久师终生贫困，未娶，无后，唯一希望是授徒，以徒代子，黄金入柜。这是他最大的希望，也是一个奢望。我是自久师最后一个递帖盖头拜师的弟子，自久师寄予厚望，"文革"期间，自久师在我被"专政"时期来班房看我，我深为感动。然而，当时我无力奉养恩师天年，仅能不定时给师父一点小补，无济于事。在这种情况下，九十余岁高龄的自久先师，于1976年西去。昆吾剑术是他最后一点希望，说白了，就是谁能收留他度过余生，他就传谁。但有谁珍惜一套剑术呢？我曾试图说服家人，家人也有难处，当时我人在山东，是"人"是"鬼"尚不能定，也不能再让家人为难了。人去艺绝，这就是昆吾剑的下场。今天我有能力了，有什么用！对师父只能说声"我不孝"；对国之瑰宝，我只能说，在我手中眼看着它灭亡了！

三、进关拜明师

我习练中国武术，全凭兴趣，没有任何目的，也就是娱乐性质、消遣性质。我觉得中国武术是中华文明的一种表象，是中国传统文化的积淀。中华武术就是一本书，它涵盖了中华文化的方方面面。脱离了这个文化的内核，它就是野蛮斗殴。从这个角度看，元末明初出现的武当内家拳是技击术的升华！

（一）明师可遇不可求

武当内家拳出自明末清初大学者黄宗羲的一篇文章《王征南墓志铭》。

文章开头就写道："少林以拳勇名天下！然，主于搏人，人亦得以乘之。有所谓内家者，以静制动，犯者应手即仆。故，别少林为外家。盖起于宋之张三峰，三峰为武当丹士。"

短短几句话，明白无误地界定了内外家的区别。我是新派学子，新中国第一代大学生，我不受门户之见的约束，追求事物之真理，武学之真髓。我知道，东北一隅并不是中国文化之中心，高明之术应在中原，特别是元、明、清三代七百年之京师，卧虎藏龙，时有耳闻，吴图南先生乃其中之一也。

我最早知道吴图南公，是在1947年。当时，我有一个邻居，是从乡下来到城里的大财主。他姓常，他儿子常维澄是我同学。不知什么原因得了疯病，六亲不认。他父母找到我，说请我给开导开导，也许有效。于是，我就搬到他家，和他儿子住在一间屋里。想不到他跟我还真说上话，我就和他谈谈上学的事，前途是什么，等等。他居然好了，以后再没犯病。他们全家人对我非常感激，问我要什么？我喜欢书，不图财物。我看他家收藏很多书，不少是古版线装本，可我不懂。我看到有三本书：吴图南著《科学化的国术太极拳》、《内家拳太极功玄玄刀》和《因是子静坐法》。我说，就要这三本书，他家很痛快就给了我。

从此，我知道内家，想有一天能找到吴图南先生，拜他为师，学习内家武术。这本是个不切实际的幻想，尤其在那兵荒马乱的年代。我自己的命运尚且不知，谈什么找吴图南？

这三本书，《内家拳太极功玄玄刀》被在北山一块儿练拳的一位傅先生借去了，一借就未还。《科学化的国术太极拳》被王寿山师叔借走，也未还给我。《因是子静坐法》，我去北京上清华大学念书时放在吉林家中，后来不知哪儿去了。三本书全都丢了！

1950年夏，我考入清华大学，来到北京。在开学之前，一天早上我到中山公园闲溜达，看到一帮人练拳，老少都有，慢慢悠悠地像是太极拳。我看了一会儿，众人练完，就迎上去问：练的是什么？一位五六十岁模样的人，回答说是太极拳；我说我没见过这样练的，他告诉我这是郝式太极拳，老师是从上海请来的郝先生。我没记住姓名，大概是郝少如先生，郝为真之孙。当时，我不知道太极拳还有什么式。我问："有位吴图南先生，认识吗？"他说："刚才还在这，刚走不多一会儿。"一下触动了我的

神经，我喜出望外，追问："吴先生还来不来？我想找他。"他回答说："他每个礼拜天都来，你下礼拜早点来，就能碰到他。"

第二个礼拜天，我很早就到中山公园，看到一位大约六十来岁模样、中等身材、剃平头、不留胡须、身板非常端正、很精神的人在打太极拳。这是我第一印象！拳的打法我没见到过，我在旁边等着。当他打完时，我上前一问，果然是吴图南先生。我自我介绍是清华大学一年级学生，仰慕先生已久，想拜先生为师，学习太极拳。我身高 1.78 米，身体素质很好，很精神，又是全国最高学府清华大学的学生。吴先生看来很高兴，没有客套，一口答应教我学习太极拳，当即请我到他家做客。当时，吴图南先生家在西直门里晓安胡同八号，先生居住的胡同东西向，很干净，路南一个小角门，进院一排五间北房，先生住东头的二间（西头三间是大成拳王乡斋先生住着）。小院有十几米长、六米宽的样子。先生住东头两间房，一间会客，一间居室；会客室是一间隔出来的前半间，后半间是厨房。厅里布置十分简单，一张八仙桌，两把椅子；墙上挂有字画之类，是什么我已记不住了。我一进屋，吴夫人就迎出来，是一位身材较高，很清秀、祥和、硬朗的妇女，非常和蔼客气地给我让座。吴先生作了简单介绍，我向吴夫人鞠躬行礼，就坐下了。吴先生坐在另一端，吴夫人沏茶。我很不好意思。吴先生无子女，只有老两口，夫人刘桂珍是位工笔画家；先生当时没有工作，靠变卖旧时器物度日，生活十分清苦。

先生问我："过去学过拳没有？"我回答："学过一点。"先生让我练练看看，我们就到院中，我练一趟五行拳（劈、崩、钻、炮、横）。先生说："有十年功夫。"我说："没有，真正练有六七年。"这不是假话，我真正跟刘自久师父练是从1943年开始的，实打实也就六七年。

先生说："这样吧！你用形意拳，你最拿手的拳势打我看看！"我说："不行，我真诚心向老师来求教的。"先生说："一定试试看！如果你把我打了，还跟我学什么？"不得已，我对着

吴图南先生与夫人刘桂珍合影（1985年春节摄于家中）

先生随便劈了一下。先生说："不成！这是糊弄我。发足劲！"我加了点力，又劈先生一下，我没打动，觉得有反弹的力量。先生说："用十成劲！"此时，我心想：我劈了几年大树，还没人能抗住。我发狠打一下，如果先生抗不住，也不怪我，我也用不着跟先生学了。我发了六七成劲，一蹬后脚，劈了出去。不得了啦！我觉得一股强大的反弹力，把我一下震出去有二米多，撞在院内一个大水缸上。撞得着实不轻，我庆幸没有用十成劲，否则后果不堪设想。

我立即跪下，给先生磕头，坚决跟先生学习太极拳。吴图南先生把我拉起来，说："新社会了，现在不兴这个。我教你就是了！"

这个事，是不是我的功夫太差劲，或我故意客气？都不是，我学了六七年形意，是著名的"半步崩拳打遍天下"形意拳大师郭云深的再传弟子，并非弱者，我也有意试一下图南先生。我为什么发五成劲？因为，第一，对一般的人，我五成劲足够了；第二，我为先生留点面子，我先摸了先生一下，估计用五成劲不致使先生难堪。结果,使我最吃惊的倒不是我被击出,而是我明显感觉的反弹力。我就是要学习这种功夫,拜师学艺。没想到,从此,我用了半个世纪时间学习、钻研、实践、传播、宣传吴图南先生的太极功夫。

我大学期间与先生朝夕相聚,苦练四年,仅拳架我花了整整一年时间学完,因为我要把形意劲换成太极劲。这是我学习条件最好的时光,当时仅我一个人从先生学习,一点一滴都是先生言传身教,手把手地教。我对先生教授的每一个细节,都存疑、提问、试验、思考,最后掌握它。例如,先生的拳要求凸掌心,舒展手指,这与其他流派太极拳不同,我练时常遭他人的批评,都说不对,不合太极拳的要求;手臂伸直也错了。对此,我深思为什么,后来推手时才明白先生为什么手一搭我手臂就能把我给粘起来,一挥手就能把我弹出去,粘黏和松弹由此而出也。至今我与人推手仍得益于此。当初,我如果稍一动摇,此艺就成广陵散了。

吴图南先生(右)与作者合影(1985年春节摄于图南公家中)

（二）吴图南先生是哪一门太极拳？

人们都说，吴图南先生是吴氏太极拳。我以吴先生的最早弟子身份说："错了。"

这个事情，可以追溯到1984年。当时，体委武术研究院正酝酿成立太极拳研究会，要成立四个太极拳研究会：杨式太极拳研究会、吴式太极拳研究会、孙式太极拳研究会和陈式太极拳研究会。武术研究院长徐才到吴图南先生寓所亲自请吴老出任吴式太极拳研究会会长，被吴老婉拒。

吴图南的太极拳有两个传承：一个是杨少侯传太极拳小架；一个是宋书铭传三世七太极功。吴图南的主要功夫是宋氏太极功。宋氏太极功，也叫"三世七太极拳"，是吴图南的师父吴鉴泉在民初从宋书铭那里学来的。宋书铭是前清遗老，客座袁世凯为幕宾，传下宋氏太极功"三世七"。宋的弟子有吴鉴泉、刘恩绶、刘彩臣等人。吴鉴泉把"三世七"传给吴图南。

1950年我从吴图南师学的就是这个"三世七太极拳"，是唐代许宣平传下来的。开始学时，我不知道什么"三世七"，就知道老师怎么教就怎么练。因为我没练过太极拳，也不知道和人家的太极拳不同在什么地方，反正不一样。

每一个式子，老师让我至少练一个星期，才教下一个式子，有时很长时间不添一势。三十七势，学了一年才学完了。吴老告诉我：太极拳就"松"和"沉"两个字。什么叫"松"？可难住我了。不用力？不对；轻一点？不对。他让我和他搭手。他说："你松开！"我轻轻地搭着他的手；他说不对，给我示范。吴老搭着我的手，我感到很沉重，我说："老师手怎么这么沉？"他说："这才松开了。"我简直糊涂了，他手这么重，还说是"松开了"。他让我搭上他的手，说松开。我就一点力也不用，觉得手非常轻，应该是松开了。吴老说："你就这样，别动！"他把手撤掉了，我手还在半空悬着。他说："你这是松吗？要松的话，你手怎么悬在半空呢！"他又让我和他搭上手，他让我把手撤掉。我一

撤，他手臂叭嗒就掉下来了。他告诉我："这才是松，你手在半空悬着，是因为你胳膊用着力呢！"一下我豁然开朗，明白了。我以前的松，包括练拳架时的松，全是紧，全是僵。

什么叫"地心是第三主宰"？许多教太极拳的都要求学者"用腰带四肢"，这不知是哪位"大师"传下来的"令"？腰在人体的中间，把人体分成上半身和下半身，它是承上启下的一个枢纽，这谁都不反对。然而，用腰劲，这就不同了。不知道哪位太极拳宗师说过"用腰劲"，腰是由脊椎骨骼下部与胯上的髋骨构成，它是一个可以左右转动的万向接头，由肌肉连接，有腹肌和身后的二条肌腱保护。人身活动依靠腰的转动，所以叫枢纽，地位关键，太极拳论称之为"第一主宰"。可见其重要。然而，腰又是人体最脆弱的部分，腰既不能承受过量的载荷，又不能受大力打击。如果腰坏了，如骨折或肌腱拉伤、断裂，人就要残废。所以，在技击中，要绝对保护腰不能受伤。腰伤由两种情况造成：一种是他伤，即被对方击伤；一种是自伤，即自己错误地使用腰而致伤。腰既然承上启下，它就好像一个闸门一样，开通了可以上传下达；关上了就上下不通，截成两节。所以，太极拳把

编著者与徒弟们合影，左起王志军、张永林、殷际强、于志钧、编著者夫人陈婉庄、杜春红、常建国、张国安。（2007年摄于吉林市）

腰看成主宰,要求把腰松开;松开腰,才能周身成为一体,才能沉下去;能沉下去,才能返上来。这是什么意思呢?与人技击对抗,无非是他打我和我打他。他打我,我不能用身体承受,这样不是被打出去,就是被打伤。对方打击在我身上,我身体仅是一个载体而已,力量从我身上一过,就打到地上,也就是"地心",我纹丝不动,也不为所伤。腰松开着,就使对方打击之力传下去直到脚底,进入地心。相反,腰紧绷着,打击力就被腰承接,非伤即仆,必败无疑。这是"三世七"最讲究的。怎么练?作者模仿李清照《如梦令》一首:"昨夜雨疏拳骤,浓睡不解残梦,试问传艺人?却道脚底埋透。埋透!埋透!松弹谁更消受?"更有:"弓步倒三七,脚掌平铺地;活桩不费力,腰松沉到底;谁把死桩站,老来必瘫痪!"其中奥妙,读者琢磨吧。

其实,三世七之所以称"功"而不称"拳",在于它是追求"仙",而不追求"侠"。今天讲,就是"健身养生"。王宗岳《太极拳论》讲求"阴阳虚实"。许宣平《十六要论》讲求"混沌",说"浑噩一身,全身发之于毛",讲的是"逆","逆"为"仙",

作者演示武当乾坤剑

这是老子的思想。老子说："抟气致柔，能婴儿乎！"追求"返老还童"。所以，三世七不分阴阳虚实，让彼不知我，我独知人。"全体发之于毛"讲的是劲由皮下发。吴图南先生生前最后一篇文章《宗气论》讲的就是这个，可惜作者愚钝，难解其意。

当时，我学"三世七"，就当一般太极拳练的，对深层次的东西，师父不说，当然不懂。

（三）寻找许宣平踪迹

吴图南先生藏有《宋远桥太极功源流支派论》，得于民国初年。这份东西，本来存在吴老家中，吴老于1989年仙逝之后，流入他人手中，几经辗转，近来现于世面。这个文献，是一个汇抄本，内容除有关"三世七"的记载之外，还有王宗岳《太极拳论》的内容，以及一些其他有关太极拳源流人物的记载。记载中，说宋远桥太极功是唐代许宣平传世的。宋远桥大约是明初的人物，是宋书铭的十七代远祖。宋书铭的"三世七"是家传的。

许宣平，最早出现在唐代天宝年间（742—756年）诗仙李白的诗中。宋《太平广记》记述了这段事，说许宣平是新安歙县人（今安徽黄山市歙县），隐居在城阳山，盖了一所小房（庵）居住。说不见他吃饭，容颜像四十岁的模样，走起来如奔跑的马。有时他担着薪柴出卖，吟道："负薪朝出卖，沽酒日夕归。借问家何处？穿云入翠微。"城阳山就是翠微山。人们访他，不见。他在茅舍壁上题诗："隐居三十载，石室南山巅。静夜玩明月，闲朝饮碧泉。樵人新垅上，谷鸟戏岩前。乐矣不知老，却忘甲子年。"有好事的人，把他的诗传抄出去。有人到长安时，行走在洛阳到同华之间，把诗抄在传舍（旅店）。天宝中年，诗仙李白东游，在旅店看到此诗，惊曰："此仙诗也！"他问了许宣平的住处，访之不遇，就在许宣平住的庵舍壁上，题诗曰："我吟传舍诗，来访真人居。烟岭迷高迹，云林隔太虚。窥庭但萧索，倚柱空踌躇。应化辽天鹤，归当千余岁。"这年冬天，野火烧毁了许宣平的茅舍。从此，不知许宣平踪迹。

《宋远桥太极功源流支派论》说三世七太极功是许宣平传授下来的，记载了一个传奇故事：

宋氏太极功源流支派论

宋远桥　记

所谓后代学者不失其本也。自余而上溯，始得太极之功者，授自唐代于欢子许宣平。至余十四代，有断亦有续者。许先师系江南徽州歙县人，隐城阳山，即本府城南紫阳山。结檐南阳避

作者身后为歙县城阳山即翠微山

谷。身长七尺六寸，髯长至脐，发长至足，行及奔马。每负薪入市贩卖，独吟曰："负薪朝出卖，沽酒日夕归。借问家何处，穿云入翠微。"李白访不遇，题诗望仙桥而回。所传太极功之拳名三世七，因三十七势而名之。又名长拳者，所云滔滔无间也。总名太极拳三十七势。名目书之于后：

四正　四隅　云手　弯弓射雁　挥琵琶　进搬拦　簸箕势　凤凰展翅　雀起尾　单鞭　上提手　倒撵猴头　搂膝拗步　肘下捶　转身蹬脚　上步栽捶　斜飞势　双鞭　翻身搬拦　玉女穿梭　七星八步　高探马　单摆莲　上跨虎　九宫步　揽雀尾　山

歙县太平桥即望仙桥

通背　海底珍珠　弹指　摆莲转身　指点捶　双摆莲　金鸡独立　泰山生气　野马分鬃　如封似闭　左右分脚　挂树踢脚　推碾　二起脚　抱虎推山　十字摆莲

此通共四十二手，四正四隅、七星八步、单鞭、双鞭、双摆莲在外。因自己多作用的工夫。其余三十七数，是先师我传也。此势应一势练成，再练一势，万不可心急齐用。三十七势，亦无论何势先，何势后，只要一一将势用成，自然三十七势皆化为相继不断也，故谓之长拳。脚踩五行，怀藏八卦。脚之所在，为中央之土；八门五步，以中央为准。俞氏太极功名曰先天拳，亦名长拳，得唐朝李道子所传。李道子系江南安庆人，至明时尚居武当山南岩宫，不食火食，第啖麦麸，故人称麸子李，又称夫子李。见人不语他，惟曰大造化三字。然既云夫子李系唐时人，何以知明时之夫子李即是唐之夫子李？缘予游江南泾县，访俞家，方知俞家先天拳，亦如予之三十七势，太极拳之别名也。俞家太极功。系唐时李道子所传。俞氏代代相承，每岁必拜李道子之庐，至宋时尚在也。越代不知李道子所在。嗣后予偕俞莲舟游湖广襄阳均州武当山，见一道人蓬头垢面，呼俞莲舟曰："徒再孙焉往？"俞莲舟怒曰："汝系何人？无礼如此。我观汝一掌必死。"道人曰："徒再孙我看看你的手。"莲舟怒极，进步连掤带捶，但未依身，莲舟击出寻丈外，半空落下，未跌伤筋骨。莲舟谓道人曰："你总用过功夫，不然能敌我者鲜矣。"道人曰："汝与俞清

太白楼位于歙县之南,城阳山麓,是两进重檐的古建筑。据说李白访许宣平不遇时曾在此饮酒。

慧俞一诚相识否?"莲舟怵然曰:"此皆予上祖之名也。"急跪曰:"原来是我之祖师。"李道子曰:"我在此数十寒暑,未曾开口,汝今遇我大造化哉。汝来吾再传授汝些功夫。"自此莲舟不但无敌,并得全体大用矣。莲舟与余常与张松溪张翠山殷利亨莫谷声相往还。后余七人再往武当山拜李祖师未遇。于太和山玉虚宫见玉虚子张三丰。三丰张松溪张翠山师也,三丰洪武初即在此山修炼。余七人在山拜求请益者月余而归。松溪翠山拳名十三势,亦太极功之别名也。李道子所传俞莲舟口诀曰:"无形无象,全身透空。应物自然,西山悬磬。虎吼猿鸣,泉清河静。翻江播海,尽性立命。"

当代武侠小说大师金庸根据此文启发,写出《倚天屠龙记》,其中"武当七侠"有六位出自此文,他们是宋远桥、俞莲舟、张翠山、张松溪、殷利亨、莫谷声。不过,利亨改为梨亭;谷声改为声谷。而俞岱岩是他从黄宗羲《王征南墓志铭》中的徐岱岩换姓俞,杜撰的。

把太极拳归于许宣平,也许是穿凿附会。然而,三世七太极拳却是真的;吴鉴泉、刘恩绶、刘彩臣都是全佑之徒,都奔腾于宋书铭之腕下,叩头称弟子,学习三世七,也是真的;作者从吴图南先生学得三世七太极拳,也是事实。

作者在诗仙李白之后一千二百六十九年,于2009年偕夫人又循故道,到歙县城阳山寻找许宣平的遗迹,了却了多年来的心愿,诚生平一大快事!

只是时隔千余年,许宣平之旧迹早已不存。

清代,在李白题诗的地方建立一座"太白楼",以记诗仙访许宣平不遇这件事。今天在此,辟为博物馆。

作者于太白楼内(摄于2009年)

(四)一段特殊的师生缘

李连杰与吴图南先生还有一段特殊的师生缘。李连杰本是北京什刹海少年体育学校武术班学员,1982年因为主演电影《少林寺》一举成名。由于李连杰在影片中的武术表演高超,一些热心影迷认为其武功是"真功夫"。当时,一些影视传媒争着要拍摄李连杰的专题纪录片。于是，有关单位给李连杰找来两位当代武术泰斗吴图南和李子鸣，分别作为其太极拳和八卦掌师父，指导李连杰练习太极拳和八卦掌。吴图南是著名太极拳家，李子鸣是著名八卦掌大师。

试看下面一组照片，可知余言不谬！

李连杰与吴图南对弈，图中右一为李连杰，右二为李子鸣，左一为吴图南。　　吴图南（右）指导李连杰练习太极拳

第二章　历代太极拳家之造诣*

"太极拳历代名家之造诣"这个问题，抗战时期，我曾在西北联大讲过。当时我是理论教授，讲太极拳的理论，分两门课教，一是"国术概论"，一是"太极拳之研究"。"太极拳历代名家之造诣"是"太极拳之研究"中的一章。在那个时候，学术问题可以随便谈，所以其中有很多东西不合于现势，可是从资料的角度来看，还是有它一定的参考价值。大家知道，太极拳渊流很久，可是太极拳历代名家之造诣，究竟到什么程度，还从来没有人论述过。

太极拳本来是一种广泛的科学。历代名家先后迭出，随着时代的演进，不断的丰富、发展，乃形成今日之一大学派。对以往名家造诣之深浅进行科学的探讨，详细的分析，解剖其内容，明白其进退兴废之道，对于太极拳理论之研究，窥其奥秘，明其哲理，是非常重要的。这里我简略地谈一谈个人的看法，为学者他山之助。

据我们中国文献可据参考的，断自六朝的程灵洗先生。先生所传的太极拳名叫"小九天法"。小九天里面讲道："太极拳非纯功于易经之理不能得也。"就是说一定要本着《周易》这部书的道理做研究，否则就做不到。又说："以易经一书，必须朝夕悟在心内，必须朝夕会在身中，超以象外，得其环中。有人所不知而

---

* 此文为吴图南在西北联大时的讲稿，1988年加以修订。

己独知之妙。"又说："多学多思，明其真伪，定其取舍，法天行健，生生不已，自能知己知人，知己性，知人性，知物性，知天地之性。"惟独他过于理论，而于实际练习入门之法，竟告阙如，只有理论没有练法，故其不失为形而上之学。理论是他的高处，忽略了入门之法，又是其美中不足之处。

按史料所载，太极拳最早为南北朝。当时有程茂者，南齐休宁人，永元中为郢州长史。会梁武帝起兵襄阳，分兵围郢城，茂协力拒守，移书责武帝，使反正，诏以茂都督郡司二州军事，郢州刺史，援绝城降，义不受梁官。其子灵洗，体力颇强，乃延韩拱月先生授以太极拳，亦即击刺之术也。因其变化多端，一称囮拳。程灵洗者，程茂子也。字元涤，少以勇力闻，侯景之乱，灵洗聚徒拒景，梁武帝授灵洗谯州刺史，后归陈武帝，授为兰陵太守，平徐嗣徽，破王琳，击周迪，累官都督郢州刺史，封重安县公。灵洗性藏急，号令分明，与士卒同甘苦，众以此德之，卒谥忠壮。

灵洗之后，有程富者，唐休宁人，以勇力闻，隋末起乡兵据古城岩，推郡人汪华为帅，据有歙、宣、杭、睦、饶、婺六州，称吴王，富力居多。高祖既立，华奉六州归唐，乡人免于兵革，唐封华为越国公，以富为司马，休宁县侯。乡人追感华德，立庙祀之，富配食焉。

程瀁，唐休宁人，灵洗十四世孙，黄巢之乱，众推为将，击贼有功，杨行密遣田頵略地，令人谕之。瀁曰，所以自保者，不欲三百年太平民为贼虏耳，他不何求。頵乃单骑诣瀁，因献谋行密，遂以为歙州同知兵马使，兵声大振，弟湘、淘，皆预有功，历显仕。

程珌，宋休宁人，字怀古，以先世居洺水，因自号洺水遗民，绍熙进士，历值学士院，累官吏部尚书，端明殿学士，进封新安郡侯。致仕，方值学士院时，宁宗崩，承相史弥远夜诏珌同入禁中草矫诏，一夕为制造二十五。初许珌政府，杨皇后缄金一囊赐珌，珌受之，归视所值不赀，弥远衔之，卒不与共政，有

《洺水集》。

程珌曰:"过之则为荒,不及则为陋,非中也。……至若阴阳之本,动静之萌,一动一静,互为其本,曷不于日用之间而观之,人必定也,然后能应,非动生于静乎?夫如是则动与静一,物与我一,而又焉用乎胜之邪?故曰:听于眇,故能闻未极,视于新,故能见未形,思于睿,故能知未始……"

明一统志传:

> 程端明珌,休宁人,绍熙四年中进士,授昌化主簿,累官权吏部尚书,拜翰林学士。立朝刚正,风裁凛然,进封新安郡侯,以光明殿学士致仕,卒。珌居家常平粜以济人,凡有利于众者,必尽心焉。著有《洺水集》。

程珌曾写过这么一段:"道始于太极,尧以是传之舜,舜以是传之禹,禹以是传之汤,汤以是传之文、武、周公、洙泗(洙泗,孔子设教于洙泗之上,修诗书定礼乐,弟子弥至)圣人,群三千之士,讲益明,说益备,由是而后,学者不过服而习之,安而行之而已。而近世学者,乃辄不然,思入忘境,行入舛途,不流于老庄之苦空,则归于篇章之吟咏,纷纷籍籍,淆乱日甚。今珌是集,犹有不能尽去者,抑或有补于世教之万一,观者其审之。"

许宣平,唐歙人。景云中隐菖州城阳山南坞,结庵以居,时或负薪卖,担挂一瓠及曲竹杖,每醉挂之以归。曾于同华间题诗传舍(传舍即当时之招待客店),李白东游,觅之曰,此仙诗也。

许宣平独吟诗:"负薪朝出卖,沽酒日夕归。借问归何处,穿云入翠微。"

许宣平题传舍诗:"隐居三十载,筑室南山巅。静夜玩明月,间朝饮碧泉。樵人歌陇上,谷鸟戏岩前。乐矣不知老,都忘甲子年。"

李白题许宣平庵舍壁诗:"我吟传舍诗,来访真人居。烟岭迷高迹，云林隔太虚。窥庭但萧索，倚柱空踌躇。应化辽天鹤，归当千岁余。"

这是程珌写的程家太极拳的一段学说。这段学说载在程珌写的文集《洺水集》中。这本书有好多章，"论小九天法"是其中的一章。这部书是在宋朝刻印出来的，是宋刻本。宋朝以后，辽金入侵，人灾兵祸，这部书就散失了，到了元朝，已找不到了，直到明朝才找到这部书，可是，已残缺不全。明朝也有一个刻本，还叫《洺水集》，但是其中好些东西遗失了，恰巧小九天法也丢了。我有一部宋刻本的《洺水集》，十年动乱中被抄走，直到现在还没找回来。

到唐朝，李唐那个时候，有一个人叫于欢子，名叫许宣平，于欢子是他的别号。此人是位养生研究家，步履之健，可及奔马。他所传的太极拳名叫三十七势，又名长拳。为什么叫长拳呢？因为这套拳非常之长，而且柔软得很，练起来不费力，对于养生长寿很有好处。就是说，这套拳和其他拳不一样，练起来滔滔不绝，每个架势可以放在前头，也可以放在后头，练起来愿意长就长，愿意短就短，不是现在所说的长拳。许宣平这样讲：一势练成之后，再练一势，万不可心急齐用，能使三十七个姿势无论何势在前，何势在后，只要一一将势用成，自然三十七势皆化为相继不断也。故谓之长拳。又说：若能轻灵坚强，走粘连随，自然得其环中，不支不离。而以腰、胸、项、背、腿、足、臂、手、掌、指，神气诸端无不尽其能事，表里精粗无不到。他的这些理述别有见地，是理论与实际并重的。

唐朝还有一人，叫李道子。他宏言多论，其道独高。先生所传太极拳叫先天拳，也叫长拳，意思与前面讲的一样。李道子常说："无形无象，全身透空，应物自然。"这三句话，表面上看很好懂，实际上无论在锻炼过程中，还是在理论研究上，确实不大容易理解。就是说，我们在练的时候和应用的时候，没有形象，对方打我们一捶，他觉得打着了，其实没有，全身透空，意思是全身像空的一样。第三句不好懂，也不好讲。所谓应物自然，这

个物就是天下一切之物，适应物的自然，物怎么来，我们就怎么办，既不勉强，也不故意跟它别扭。接着他又说："西山悬磬，虎吼猿鸣，泉清河静，翻江播海，尽性立命。"这讲的是内功。关于这个问题在我著的太极拳内功（即太极气功）中有所论述，以后有机会再谈。他立论之高，见解之宏，为历来研究太极拳者所未言，但非精于此道者，不足以言此。就是说，给人讲解，对象必须是精于此道之人，况且性命之学，非一般浅识寡见者所能了解得了的。

张三丰，元、明懿州人，名全，一名君实，三丰其号也。以其不修边幅，又号张邋遢。一衲一蓑，所啖升斗辄尽，行游四方，不常厥处，太祖、成祖求之，皆不得。英宗时，赠通微显化真人。

三丰先生访名师于华山时，巧遇火龙真人，初不谈其姓氏，自吟一诀云："道号隅同郑火龙，姓名隐在太虚中。自从度得三丰后，归到蓬莱弱水中。"久而久之，皆讲其姓郑，名东阳，字晓辉，因避乱山东崂山，访求仙道，日食草根树皮，八十余年，得遇吾师，赐吾大丹一服，通体皆赤，须眉改易。又授吾丹经一卷，道书三十篇，吾朝夕捧读，极力研求，二年后，始领其妙旨，于是杖离地之精，吸太阳之火，复借本身三昧，修炼成道，人称为火龙真人。传张三丰先生。

三丰先生也是一位博雅之士。先生所传太极拳叫十三势，也叫长拳。取其如同长江大河滔滔不绝之意。张三丰常说，一举一动周身都要轻灵，尤其必须节节贯串，气应当鼓荡，神应当内敛，就是神不要放在身体外头，必须要敛到里头来；无使有缺陷处，无使有凸凹处，无使有断续处。其根在脚，发于腿，主宰于腰，形于手指，由脚而腿而腰，总要完整一气，向前退后，乃能得机得势。如果身体散乱无章，便是不得机不得势。那么怎么矫正呢？他说其病必于腰腿求之。一般练太极拳的人说，没有好腰腿也可以练好太极拳。其实不然，必须有好腰好腿，才能练好太极拳，上下、前后、左右皆然，凡此皆是意。不在外面，所以有上即有下，有前即有后，有左即有右。打个比方说，如果你意思要向上，你就必须有向下的意思，如同将物掀起。比如撬一块大石头，把石头搁在那儿，头里再垫一块小石头，然后顺小石头撬大石头，这边一按，大石头就起来了。就是说，意思要向上，就得有向下的意思，然后把东西撬起来，这时再用锹一铲，其根自断，乃坏之速而无疑。关于虚实问题，三丰先生说，虚实应当分清楚，一个地方自有一个虚实，处处总此一个虚实，所以说，周身节节贯串，勿令丝毫间断。就是说，人整个由腰到腿到手指都是贯串的，丝毫无间的。这一段文章，我看不像是一篇全论，很像是文章中的一段，一定还有前头后头，可是参阅了很多张三丰先生的著作，也没有把遗失的地方补过来，所以有待于后世。三丰先生所持之论，至中至正，此词言简意赅，不尚辞藻，不尚修饰，对学者提出实际用功之方针。要紧的是轻灵、鼓荡、贯串、活泼，自首至足完整一气，进退顾盼得机得势，内以尚意，外以导形，意上寓下，意左寓右，意前寓后，所以深得呼应提放之理，且于虚实之解释，尤其详尽，盖能明了一处之虚实，即可了解处处之虚实矣，已给学者开一个先河，此点诚开千古不传之密。而于节节贯串，丝毫无间，为先生所特别提出的，实在是因为太极拳之妙用，在于延年益寿，身心俱妙；而贯串无间，不独得力于技击，对养生长寿也有莫大之神益。先生之所主张，似甚平庸，而详细体察，正是其高处。所以说，先生其道独高，而名重于后代，就是这个原因。

　　明朝景泰年间，有一位叫王宗，号宗岳。王宗岳西安人，习内家拳法，在当时为最著。西安南面是南岳华山，既然他叫王宗，那么宗什么呢？就是宗这个岳，这是很有道理的。王宗岳是个经纬之才，他不但太极拳练得很好，而且文学也很好，深得张三丰先生的真传。王宗岳是直接还是间接向张三丰先生学的呢？现在没有法子证明，反正是三丰先生之后有这么一位。王宗岳著述很多，对太极拳之奥理阐发无遗。所传之太极拳名十三势，也叫长拳。王宗岳先生对太极拳研究得深刻，领悟得透彻，理解得

正确，诚所谓前继古人，后开来者。

明末清初时，有一人叫黄百家。他得到王征南先生之真传，因为那时王征南先生家境很不好，所以收他当徒弟，在铁佛寺里教他。黄百家跟王征南学的拳术，感觉很不好记，他就随学随记，记了一个相当的时候，就写成一本书，叫"内家拳法"，然后把这本书让王征南看。王征南说，我几十年的功夫，才记得这么清楚，你几年居然能把它写出来，虽然这是一件好事，但恐怕你的功夫就不能完全进步了。内家拳法也是先师张三丰先生所授，其中有练手的方法三十五种，练步法的十八种，练打法的若干种，还有穴法若干种，常犯的毛病若干种，还有六路、十段锦等等。按照他的拳式，看他的形态，跟现在的太极拳不同，所以有南派内家拳之称。黄百家先生常常说："而其要则在乎练，练既熟，不用顾盼拟合，信手而应，纵横前后，悉逢肯綮。"他讲的这个问题，给他分析一下。"而其要则在乎练"，一开始我以为这是一个很平常的道理，可是仔细一研究，他说的这句话很有道理。因为一般所谓练，跟真正的所谓练不一样。一般的所谓练，就像吃面条似的，一下就吃进去了，就饱了。可是真正会吃面条的，不是这样，面和的软硬，煮的生熟，抻的长短，佐料的好坏，不一样，所以吃到嘴里，味道也就不一样。这是拿吃面做比方，练拳也如此，同是一样地练，而所得的结果不一样。所以他说的"而其要则在乎练"是很对的。希望练太极拳的人注意这个"练"字。练久了就熟了，熟能生巧，所谓熟不见得精，由熟生出巧，由巧取其精华，这才算收到效果。到了这个程度，才能不用顾盼拟合，信手而应，纵横前后，悉逢肯綮。

蒋发是河南人，以做豆腐为业，在西安开豆腐房，很喜欢练拳。究竟蒋发是跟王宗岳学的呢，还是跟他的再传弟子学的呢？我考察过几次也没考察清楚，不过这两个人的时代中有个空白的地方。希望研究太极拳的人，将来发现资料，再给他补进来。蒋发没有什么著作。有一个叫杜育万的，是练蒋发套路的，他说是蒋发授山西失传的歌诀，因为山和陕的音相同，所以蒋发是在西安学的。他的歌诀是，第一段"筋骨要松，皮毛要攻，节节贯串，虚灵在中"，第二段，"举步轻灵神内敛，莫叫断续一气研，左宜右有虚实处，意上寓下后天还"。后面还有注。第一句的注是，"举步时周身要轻灵，尤须贯串，气宜鼓荡，神宜内敛。"第二句的注是，"无使有凸凹处，无使有断续处，其根在脚，发于腿，主宰于腰，形于手指，由脚而腿而腰，总须完整一气，向前退后，乃能得机得势。有不得机得势处，身便散乱，其病必于腰腿间求之。"第三句注"虚实宜分清楚，一处自有一处虚实，处处总此一虚实，上下前后左右皆然。"第四句注"凡此皆是意，不在外面，有上即有下，有前即有后，有左即有右，意欲向上，即寓下意，若将物掀起，而加以挫之之力，其根自断，必坏之速而无疑。总之，周身节节贯串，勿令丝毫间断耳。"这是四句的注解，我们再回过头来看他的歌诀不过是把王宗岳著作简练了一下，拿几句话把它概括起来。他的注解完全是王宗岳先生的注释，没有什么特别的东西。由于这一点可以看出，是由王宗岳著作脱胎而来的，这没问题。由他的歌诀传给蒋发，蒋发传给陈长兴。但陈长兴家里没有这个东西，也没有王宗岳的论述。由这来看，陈长兴是得了蒋发的一点功夫，理论没有得到。陈长兴、杨露禅、杨班侯、全佑，这些先生全都没有著作，虽有各种相传，造诣如何，未可依据，宁付阙如，不敢妄论。

到民国以后，如杨少侯先生的轻灵奇巧，吴鉴泉先生之粘放柔化，均能各尽其妙，名噪一时，学者如能细心比较、研究，即可仁者见仁智者见智，虽然取舍之道，要在学者善用其机能而已。此太极拳之造诣之大略也。

这是我在1944年2月3日写的，当然这些年对各名家之造诣，还有些新的发现，因为时间关系，暂时先谈到这儿。

纵观起来，以上所说历代名家之造诣，指的都是什么呢？就是因为这些位专家，每人都有一个相当的著作。根据他们的著作，把其中有关太极拳发展的有用的东西提出来加以分析研究，

然后确定它在太极拳的运用上效益上有什么特殊的地方，有什么效果。所谓的造诣，换句话说，这些位先师每人程度如何，这样可以供今后研究太极拳的人做一个参考，免得他们各处去找材料，找来以后，鉴别看法，还得重新搞，那就费事多了。不如我约略地把它整理出来，作为各位的他山之助。由程灵洗起一直到蒋发都有所著作，可是以后这些位老专家就没有著作了。我在前面讲的不过约略地说了一下，现在我想有再详细说明一下的必要。比如说，陈长兴说他形似木鸡，当时人称他为牌位先生。陈没有著作，可是根据他形似木鸡称为牌位先生，由于大家的传说，可以判断这位老先生必是一位很端庄、很正经的人。换句话说，不会有多么玲珑活泼，这样也可以探讨出来，陈先生得到蒋发的传授，悟得不透。前面蒋发讲的，身体要灵活、动作要敏捷等等，可是陈家里并没有蒋发的著作。陈家里是按形似木鸡的牌位先生那样练的。很明显，他本身是炮锤的底子，不能完全脱离而真正做到太极拳之柔化轻脆。以后杨禄禅先生虽然得到陈长兴之传授，因为他功夫也很大，他原来是得病，想急于求成，即先把病弄好，这样他下的功夫很大；另一方面，杨禄禅先生身体很魁梧，再加上灵活，所以杨禄禅先生在太极拳中占有转折的地位。他的儿子杨班侯，是个细高挑儿，功夫也很大，得他父亲传授也很真，练的很纯，功夫很棒。练的时候因受时势的限制，即各种拳术都在竞争，各自宣传各自的好处，而太极拳又跟其他拳术不一样，所以到北京以后，要想在当时的武术界能够站住脚就必须有相当的造诣，所以受时局的限制，社会势力的侵袭，他不能不多下功夫，自强不息，因此杨班侯先生在清朝神技营独占鳌头。

杨禄禅

他的徒弟全佑、凌山、朱万春，三人是满蒙汉。全佑是镶白旗蒙古，乌甲拉氏，北京旗名叫全佑。他是个矮胖子，两缕胡子留得很长，有人说他很像动物中的文须鸟。他很有耐性，而且也很能适应环境。他当时担任护卫，和端王推手，因为是王爷，只好忍气吞声，你怎么推我就怎么走，你怎么接我就怎么变，所以很受端王宠爱，因此他养成一种柔化的功夫，这是时势所趋，大势造成。他们这些人都不识字，所以没有遗著问世，只有根据传说对他们评价。当时有两部著作，一部是端王写的《武坛随录》，还有一部是，杨禄禅被请到北京来，京西四王府天意酱园的东家叫张凤歧，是他请来的。酱园里还有一位把式，就是现在的工程师，叫侯德山。他们两人跟禄禅先生学，随时记下，写成一本书叫《张氏随笔》。这两部书，原稿我原来都有，"文化大革命"中被人拿走，现正在寻找中。这两部书里面所讲的也就是禄禅先生平常教他们的功夫，跟我们现在讲的大致相同。因此，他们的造诣如何，可以这些作为根据。

到民国以后，杨少侯，即我的老师，得到祖父杨禄禅的传授，还有他过继的父亲即伯父杨班侯亲自教他。他所学的东西比较真实，并且此人也是一个很自强的人，生平不苟合，教徒时也选择得很严。另外，他的功夫很纯熟，他讲究轻灵奇巧，尤其长于凌空劲，就是对这个人一见手时，其离而未发，即能知其将发，彼何处欲动，即能知其将动，在动静之间，变化之间，能用很巧妙的办法，把对方的力量牵起来，然后再放下去，所以当时名望甚

吴图南的老师杨少侯

大。全佑的儿子，名爱绅，号鉴泉，民国以后，都要改成汉姓，加个吴字，所以叫吴鉴泉。他是我的启蒙老师，他人品很好，沉默寡言，谦虚实在。他父亲长于柔化，所以他也长于沾放柔化这几种劲。但如果说发出很轻灵很脆，远不及杨少侯先生。但他不得罪人，你怎么来，他就怎么给你化了。因此他教的人很多，这些人都能各尽其妙，名噪一时。因此，学太极拳的人，从程灵洗到吴鉴泉，细心比较一下，用锐利的新方法，即可仁者见仁，智者见智。虽然这么说，但也有取舍之道。学太极拳的人，要善于运用自己的机能，然后才能得出自己的应有的学到的练到的，如果粗心大意，虽然谈了各家之造诣，看过之后不加以细细分析，也得不到好处。学的人要特别用心，一方面分析研究，一方面加强锻炼，如果身心一齐发育，才能真正得到太极拳之要领。

第三篇 功

第一章　三世七太极功古谱

此书为光绪末年吾友张君熙铭所赠，后为许禹生所知，遂抄写六本分赠许禹生、吴鉴泉、杨少侯、刘彩臣、刘恩绶、纪子修各一本。子修先生曰不可再赠送他人为要，因此予遂未再抄送他人。其后有吴君钟需者，与予有同学之谊，持此书去抄，将此书中许多字挖去复还，幸有抄本尚在，原书尚能核对，此亦该书不幸中之幸也。但该书虽缺数字，未便填补以存其真，只有另列一表，以说明之，较为适宜。文革时期斯书尚存，但已不能下指，于是由中国书店老技师刘君精心为之修复，还其本原，经鉴定该书为清初抄本，于是数百年前之旧物，又能可以翻阅矣，快何如之！因述此书之本末如此。附补缺表一份。

吴图南记

1983.11.15

古谱如下：

宋氏家传太极功源流支派论

宋远桥绪记

所谓后代学者，不失其本也。自予而上溯，始得太极之功者，授业于唐于欢子许宣平也。至予为十四代也。有断者亦有继耳。

许先师系江南徽州府歙县人，隐城阳山，结檐南阳辟谷。身长七尺六，髯长至脐，发长至足，行及奔马。每负薪卖于市中，独吟曰："负薪朝出卖，沽酒日夕归。借问家何处？穿云入翠微。"李白访之不遇，题诗望仙桥而回。所传太极之功，拳名三十七，因三十七式而名之；又名长拳者，所云滔滔无间也。总名太极拳三十七，名目书之于后：

四正、四隅、云手、弯弓射雁、挥琵琶、进搬拦、簸箕式、凤凰展翅、雀起尾、单鞭、上提手、倒撵猴头、搂膝拗步、肘下捶、转身蹬脚、上步栽捶、斜飞式、双鞭、翻身搬拦、玉女穿梭、七星八步、高探马、单摆莲、上跨虎、九宫步、揽雀尾、山通背、海底珍珠、弹指、摆莲转身、指点捶、双摆莲、金鸡独立、泰山生气、野马分鬃、如封似闭、左右分脚、挂树踢脚、推碾、二起脚、抱虎推山、十字摆莲。

此通共四十二手。四正、四隅、九宫步、七星八步、双摆莲在外，因自己多坐用的功夫，其余三十七数是先师之所传也。此势应一势练成再练一势，万不得心急齐用。三十七势却无论何式先何式后，只要一一将式用成，自然三十七式皆化为相继不断也，故谓之长拳。脚跐五行，怀藏八卦。脚之所在为中央之土，则可定乾南坤北，离东坎西。掤捋挤按四正也，採挒肘撑四隅也。

八字歌

掤捋挤按世间稀，十个艺人十不知。若能轻灵并坚硬，粘连黏随俱无疑。採挒肘撑更出奇，行之不用费心思。果能粘连黏随字，得其寰中不支离。

三十七心会论

腰脊为第一之主宰,猴头为第二之主宰,地心为第三之主宰;丹田为第一之宾辅,掌指为第二之宾辅,足掌为第三之宾辅。

三十七周身大用论

一要性心与意静,自然无处不轻灵。二要遍体气流行,一定断续不能停。三要猴头永不抛,问尽天下众英豪。如询大用缘何得?表里精粗无不到。

十六关要论

活泼于腰,灵机于项,神通于背,(不使气)流行于气。行之于腿,蹬之于足,运之于掌,足之于指,敛之于髓,达之于神,凝之于耳,息之于鼻,(呼吸)往来于口,纵之于膝,浑噩一身,(全体)发之于毛。

用功歌

轻灵活泼求懂劲,阴阳既济无滞病。若得四两拨千斤,开合鼓荡主宰定。

俞家江南宁国府泾县人。太极功名曰先天拳,亦曰长拳。得唐李道子所传。道子系江南安庆人,至宋时与游酢莫逆。至明时,李道子尝居武当山南岩宫,不火食,第啖麦麸数合,故又名之曰夫子李也。见人不及他语,惟云"大造化"三字。既云唐人,何以知之至明时之夫子李即是李道子先师也?缘予上祖游江南泾县俞家,方知先天拳亦如予之三十七式,太极之别名也。而又知俞家是唐时李道子所传也,俞家代代相承之功。每岁往拜李道子庐,至宋时尚在也,越代不知所往也。

至明时,予同俞莲舟游湖广襄阳府均州武当山,夫子李见之叫曰:"徒再孙焉往?"莲舟抬头一看,斯人面垢正厚,发不知如何参地,味臭。莲舟心怒,曰:"尔言之太过也。吾观汝一掌必死尔。去罢!"夫子李云:"重再孙,我看看你这手!"莲舟上前掤连捶,未依身则起十丈高许落下,未坏折筋骨。莲舟曰:"你总用过功夫,不然能扔我者鲜矣。"夫子李云:"你与俞清慧、俞一诚

认识否？"莲舟闻之悚然，"此皆予上祖之名也"。急跪曰："原来是我之先祖师至也。"夫子李曰："吾在此几十韶光未语，今见你诚哉大造化也。授你如此如此。"莲舟自此不但无敌，而后亦得全体大用矣。

予上祖宋远桥与俞莲舟、俞岱岩、张松溪、张翠山、殷利亨、莫谷声久相往来金陵之境。夫子李先师授俞莲舟"秘歌"云："无形无象，全身透空。应物自然，西山悬磬。虎吼猿鸣，泉清河静。翻江播海，尽性立命。"

此歌予七人皆知其句。后予七人同往拜武当山夫子李师不见。道经玉虚宫，在太和山元高之地见玉虚子张三丰也。此张松溪、张翠山师也，身长七尺有余，美髯如戟。寒暑惟一箬笠，日能行千里远，自洪武初年至太和山修炼。予七人共拜之，耳提面命月余后归。自此不绝其往拜。玉虚子所传，惟张松溪、张翠山，拳名十三式，亦太极之别名也，又名长拳。

十三式名目并论说列之于后：

揽雀尾、单鞭、提手上势、白鹤晾翅、搂膝拗步、手挥琵琶、进步搬拦捶、如封似闭、抱虎归山、揽雀尾、肘底看捶、倒撵猴、斜飞式、提手上势、白鹤晾翅、搂膝拗步、海底珍、山通背、拔山捶、退步搬拦捶、上势揽雀尾、单鞭、云手、高探马、左右分脚、转身蹬脚、进步栽捶、翻身拔山捶、翻身二起脚、披身踢脚、转身蹬脚、上步搬拦捶、如封似闭、抱虎归山、斜单鞭、野马分鬃、玉女穿梭、单鞭、云手下势、金鸡独立、倒撵猴、斜飞式、提手上势、白鹤晾翅、搂膝拗步、海底珍、山通背、上势揽雀尾、单鞭、云手、高探马、十字摆莲、搂膝指裆捶、上势揽雀尾、单鞭下势、上步七星、下步跨虎、转身摆莲、弯弓射虎、上势揽雀尾、合太极。

太极者，无极而生，阴阳之母也。动之则分，静之则合，无过不及，随曲就伸。人刚我柔谓之走，我顺人背谓之粘。动急则急应谓之速，动缓则缓随谓之随。虽变化万端而理为一贯。由着熟而渐悟懂劲，由懂劲而阶级神明。然非用力之久不能豁然贯通焉。劲顶，气沉丹田，中立不倚，乍隐乍显。左重则右必轻，右重则左必轻，虚实兼到，仰高钻坚，进之则长，退之则促。一羽不能加，蝇虫不能落。人不知我，我独知人。英雄所向无敌，盖皆由此而及也。斯技旁门甚广，虽势有区别，概不外乎壮欺弱，慢让快耳。有力打无力，手慢让手快。皆是先天自然之能，非关学力而有为也。察四两拨千斤之句，显非力胜。观耄耋能御众之情，快何能也？惟立如平准，活似车轮，偏沉则随，双重则滞。每见数年纯功不能运化者，率皆自为人制。双重之病未悟耳，欲避此病，须知阴阳。粘即是走，走即是粘，阴不离阳，阳不离阴，阴阳相济，方是懂劲。懂劲后愈炼愈精，默识揣摩，渐至从心所欲。本是舍己从人，多误舍近求远。所谓差之毫厘，谬之千里，学者不可不详辨焉！

一举动周身俱要轻灵，犹须贯串。气宜鼓荡，神宜内敛。无使有缺陷处，无使有凸凹处，无使有断续处。根在脚，发于腿，主宰于腰，形于手指。由脚而腿而腰，总要完整一气。向前退后乃得机得势。有不得机势处，身便是散乱，其病必于腰腿求之。上下前后左右皆然，凡此皆是意不在外面。有上即有下，有前即有后，有左即有右。辟如要向上即寓下意，若将物掀起而加以挫之之意。斯其根自断，乃坏之速而无疑。虚实宜分清处，一处虚实，处处总此一虚实。周身节节贯串，无令丝毫间断耳。

十三式行功心法

以心行气，务令沉着，乃能收敛入骨；以气运身，务令顺遂，乃能便利从心。精神能提得起，则无迟重之虞。所谓顶头悬也，意气须换得灵，乃有圆活趣味。所谓变动虚实也，发动须沉着松静，专主一方。立身须中正安舒，支撑八面。行气如九曲珠，无往不利，气遍身躯之谓也。运劲如百炼钢，何坚不摧？形如搏兔之鹘，神如捕鼠之猫，静如山岳，动似江河，蓄劲如开弓，发劲如放箭。曲中求直，蓄而后发。力由脊发，步随身换。收即是放，断而复连。往复须有折叠，进退须有转

换。极柔软然后坚硬，能呼吸然后灵活。气以直养而无害，劲以曲蓄而有余。心为令，气为旗，腰为纛。先求开展后求紧凑，乃可臻于缜密。又曰，先在心后在身。腹松气敛，神舒体静，刻刻在心。切记一动无有不动，一静无有不静，牵动往来气贴脊，敛入脊骨。内固精神，外示安逸。迈步如猫行，运劲如抽丝，全身意在蓄神不在气，在气则滞。有气者无力，有力者无气，无力者纯刚，即得乾行健之理。所以气如车轮，腰如车轴也。

十三势歌

十三总式莫轻视，命意原头在腰隙。变转虚实须留意，气遍身躯不稍痴。静中触动动犹静，因敌变化是神奇。势势留心揆用意，得来功夫不显迟。刻刻留心在腰间，腹内松静气腾然。尾闾正中神冠顶，满身轻利顶头悬。仔细留心向推求，屈伸开合听自由。入门引路须口授，工夫无息法自修。若言体用何为准，意气君来骨肉臣。想推用意终何在，延年益寿不老春。歌兮歌兮百四十，字字真切意无遗。若不向此推求去，枉费工夫贻叹息。

长拳者，如长江大海滔滔不绝。十三势：掤捋挤按採挒肘靠，八卦也；进步、退步、左顾、右盼、中以土定，五行也。合而言之，十三势也，乃太极拳之别名也。掤捋挤按，即坎离震兑四正方也；採挒肘靠，即乾坤艮巽四斜角也；进退顾盼，中定水火木金土也。

打手歌

掤捋挤按须认真，上下相随人难进；任他巨力来打俉，牵动四两拨千斤；引入落空合即出，粘连黏随不丢顶。

又：彼不动己不动，彼微动己先动；似松非松，将展未展，劲断意不断。

程灵洗，字元涤，江南徽州府休宁人。授业韩拱月，太极之功成大用矣。侯景之乱，惟歙州保全，皆灵洗力也。梁元帝授以本郡太守，卒谥忠壮。至程珌为绍兴中进士，授昌化主簿，累官，权吏部尚书，拜翰林学士。立朝刚正，风裁凛然，进封新安郡侯，以端明殿学士致仕卒。珌居家常平粜以济人，凡有利于众者，必尽心焉。所著有《洺水集》。珌将太极功拳名立一名为小九天。虽珌之遗名小九天，书韩传者，不敢忘先师之所传也。

小九天法式

七星八步、开天门、什锦背、提手、卧虎跳涧、单鞭、射雁、穿梭、白鹤升空、大挡捶、小挡捶、叶里花、猴顶云、揽雀尾、八方掌。

太极者非纯工于易经不能得也。以易经一书必须朝夕悟在心内，必须朝夕会在身中，超以象外，得其寰中。人所不知而己独知之妙，若非得师一点心法之传，如何能致？使我手之舞之，乐在其中矣。

用功五志

博学（是多功夫），审问（不是口问是听劲），慎思（听而后留心想念），明辨（生生不已），笃行（如天行健）。

四性归原歌

世人不知己之性，何能得知人之性？物性亦如人之性，至如天地亦此性。我赖天地以存身，天地赖我以致局。若能先求知我性，天地受我偏独灵。

后天法之缘起

胡镜子在扬州自推之名，不知姓氏，此是宋仲殊之师也。仲殊，安州人，尝游姑苏台，柱上倒书一绝云："天长地久任悠悠，你既无心我亦休。浪迹天涯人不管，春风吹笛酒家楼。"仲殊所传殷利亨太极拳，名曰后天法，亦是掤捋挤按採挒掤撑也。然而势法名目不同，其功用则一也。如一家人分居，各有所为也，然而根本非两事也。

后天法目

阳肘、阴肘、遮阴肘、肘里枪、肘开花、八方捶、阴五掌、单提肘、双鞭肘、卧虎肘、云飞肘、研磨肘、山通肘、两膝肘、

一膝肘。以上太极功各家名目，因予身临其境，并得其良友往来相助，皆非作技艺观人者也。一家人恐其久而差矣，故笔之书，以授后人玩索而有得焉，则终身用之有不能尽者矣。其余太极功再有别名别目者，吾不知之矣，待后人有所遇者记之可也。且记无论用何等名目，拳法惟太极，则不能两说也。若太极说有不同，断乎不一家也。却无论功夫高低上下，一家人必无两家话。自上之先师而上溯其根源，东方先生再上而溯，始孟子。当列国纷纷，固将立命之功，所谓养吾浩然之气，塞于天地之间。欲大成者则化功也，小成者武事也。立命之道非气体之充胡能也。由立命以尽性，至于穷神达化。自天子至庶人，何莫非诚意正心修身始也？书及此，后世万不可轻泄传人。若谓不传人，当年先师何以传至予家也？却无论远近亲朋，自家传者贤也！遵先师之命，不敢妄传，后辈如传人之时，必须想予绪记之心血与先师之训诲而已。

此书十不传

一不传外教，二不传无德，三不传不知师弟之道者，四不传收不住的，五不传半途而废的，六不传得宝忘师者，七不传无纳履之心者，八不传好怒好愠者，九不传外欲太多者，十不传匪事多端者。

此书有四忌

忌饮过量之酒；色当，色者夫妇之道，要将有别字认清；忌取无义之财；忌动不合中之气，一饮一啄在内。

用功三小忌

食吃多，水饮多，睡时多。

后附影印件，以备读者查对并存真。

宋氏家傳太極功源流支派論

宋遠橋緒記所為後代學者不失其本也自予而上溯始得太極之功者授業於唐于歡子許宣平也至予十四代也有斷者亦有繼許先師係江南徽州府歙縣人隱城陽山結篷南陽辟穀身長七尺六齊長至臍髮長至足行及奔馬每負薪賣於市中獨吟曰負薪朝出賣沽酒日夕歸借問家何處穿雲入翠微李白訪之不遇題詩望仙橋而回

所傳太極之功拳名三十七因三十七式而名之又名長拳者所云滔滔無間也總名太極拳三十七名目書之於後

四正四隅 雲手 灣弓射雁 揮琵琶 進搬攔 簸箕式
鳳凰展翅 雀起尾 單鞭 上提手 倒攆猴頭 搜膝拗步
肘下捶 轉身蹬腳 上步栽捶 斜飛式 雙鞭 翻身搬攔
玉女穿梭 七星八步 高探馬 單擺連 上跨虎 九宮步
攬雀尾 山通背 海底珍珠 彈指 擺連轉身 指點捶
雙擺連 金鷄獨立 泰山生氣 野馬分鬃 如封似閉
左右分腳 掛樹踢腳 推碾 二起腳 抱虎推山
十字擺連 此通共四十二手 四正四隅九宮步七星八步雙擺連在外

因自己多坐用的工夫其餘三十七數是先師之所傳也此勢應一勢煉成再煉一勢萬不得心急齊用三十七勢卻無論何式先煉成後只要一一將式用成自然三十七式皆化為相繼不斷也故謂之長拳腳踋五行懷藏八卦腳之所在為中央之土也可定乾南坤北離東坎西掤攦擠按四正也採挒肘靠四隅也

八字歌

掤攦擠按世間稀 十個藝人十不知 若能輕靈並堅硬 粘連黏隨俱無疑 採挒肘靠更出奇 行之不用費心思 果能粘連黏隨字 得其環中不支離

三十七心會論

腰脊為第一之主宰 猴頭為第二之主宰 地心為第三之主宰
丹田為第一之賓輔 掌指為第二之賓輔 足掌為第三之賓輔

三十七周身大用論

一要性心與意靜自然無處不輕靈 二要遍體氣流行一定斷續不能停 三要猴頭永不拋問盡天下眾英豪

如詢大用緣何得表裏精粗無不到十六關要論

活潑於腰　靈機於項　神通於背　使氣流行於
行之於腿　蹬之於足　運之於掌　足之於指
飲之於髓　達之於神　疑之於耳　息之於鼻
呼往來於口　縱之於膝　渾噩一身　金發之於毛
吸往來於口　　　　　　體發之於毛

功用歌

輕靈活潑求懂勁陽陰既濟無帶病若得四兩撥千
所間合鼓盪主宰定

俞家江南寕國府涇縣人太極功名曰先天拳亦曰長
拳得唐李道子所傳道子係江南安慶人至宋時與
游酢至明時李道子嘗居五當山南岩宮不火
食第吹麥麩數合故又名之曰夫子李也見人不及他語
惟云大造化三字先師既云唐人何以知之至明時之夫子李
即是李道子先師也緣予上祖游江南涇縣俞家方知
先天拳亦如予之三十七式太極之別名也而又知俞家

（註十）（註十三）（註十四）（註十五）

是唐時李道子所傳也俞家代代相承之功每歳往
拜李道子芦至宋時尚在也越代不知所往也至時子
同俞蓮舟遊湖廣襄陽府均州五當山夫子李見之叫
曰徒再孫爲往蓮舟抬頭一看斯人面垢正厚髮不知
如何參地味臭連舟心怨曰爾言之太過也吾觀汝一
掌必死爾去罷夫子李云重再孫我看看你這手蓮
舟曰你總用過功夫不然能扨武者鮮矣夫子李云
上前掤連揮未依身則起十丈高許落下未壞折筋
蓮舟曰你與俞清慧俞誠認識否蓮舟聞之悚然此皆予上祖之
名此急跪曰原來是我之先祖師至此夫子李曰吾在
此幾十韶光未語今見你誠我大造化也授你如此如
蓮舟自此不但無敵而後亦得全體大用矣子上祖宋
遠橋與俞蓮舟俞岱岩張松溪張翠山殷利亨莫
谷聲久相往來金陵之境夫子李先師授俞蓮舟
秘歌云無形無象全身空應物自然西山懸磬虎
吼猿鳴泉清河静翻江播海盡性立命此歌予久皆

知其句後予久同往拜五當山尖字先李師不見道經
玉虛宮在太和山元高之地見玉虛子張三丰也此張松
溪張翠山師也身長七尺有餘美髯如戟寒暑惟
一箬笠日能行千里遠自洪武初年至太和山修煉予久
箬之耳提面命月餘後歸自此不絕其往拜玉虛子久
傳惟張松溪張翠山拳名十三式亦太極之別名也又名
長拳　十三名目並論說列之於後

攬雀尾　單鞭　提手上勢　白鵝涼翅　摟膝抝步
手揮琵琶　進步搬攔捶　如封似閉　抱虎歸山　攬雀尾
肘底看捶　倒攆猴　斜飛式　提手上勢
接膝抝步　海底珍　山通背　撇身捶　退步搬摘捶
上勢攬雀尾　單鞭　雲手　高探馬　左右分腳　轉身蹬腳
進步栽捶　翻身撇　翻身二起腳　披身踢腳
轉身蹬腳　上步搬摘捶　如對似閉　抱虎歸山　攬雀尾
野馬分鬃　玉女穿梭　單鞭　雲手下勢　金雞獨立
倒攆猴　斜飛式　提手上式　白鵝涼翅　摟膝抝步

海底珍　山通背　上勢攬雀尾　單鞭　雲手　高探馬
十字擺連　接膝指襠捶　上勢攬雀尾　單鞭　下勢
上步七星　下步跨虎　轉身擺連　彎弓射虎
合太極

太極者無極而生陰陽之母也動之則分靜之則合無過
不及隨曲就伸人剛我柔謂之走我順人背謂之粘動急
則急應動緩則緩隨雖變化萬端而理為一
貫由著熟而漸悟懂勁由懂勁而階級神明然非用力之久
不能豁然貫通焉虛靈頂勁氣沉丹田不偏不倚忽隱忽現左重
則左虛右重則右杳仰之則彌高鑽之則彌深進之則長
退之則促一羽不能加蠅蟲不能落人不知我我獨知人英雄所
向無敵蓋皆由此而及也斯技旁門甚多雖勢有區別概
不外乎壯欺弱慢讓快耳有力打無力手慢讓手快皆是先天
自然之能非關學力而有為也察四兩撥千斤之句顯非力勝觀
耄能禦眾之情快何能也立如平準活似車輪偏沉則隨雙
重則滯每見數年純功不能運化者率皆自為人制雙重之病

未悟耳欲避此病須知陰陽粘即是走陰即是粘陰不離
陽不離陰陰陽相濟方是懂勁懂勁後愈練愈精默識揣
摩漸至從心所欲本是舍己從人多悞舍近求遠所謂差之毫
厘謬之千里學者不可不詳辨焉
一舉動週身俱要輕靈猶須貫串氣宜鼓盪神宜內斂無
使有缺陷處無使有凸凹處無使有斷續處其根在腳發
於腿主宰於腰形於手指由腳而腿而腰總須完整一氣向前
退後乃得機得勢有不得機勢處身便散亂其病必
於腿腰求之上下前後左右皆然凡此皆是意不在外面有上即有
下有前即有後有左即有右如意要向上即寓下意若將
物掀起而加以挫之之意斯其根自斷乃壞之速而無疑虛
實宜分清處一處有一虛實處處總此一虛實周身節節貫串
無令絲毫間斷耳

十三式行功心法

以心行氣務令沉着乃能收斂入骨以氣運身務令順遂乃能
便利從心精神能提得起則無遲重之虞所謂頂頭懸也意

氣須換得靈乃有圓活之趣所謂變動虛實也發勁須沉着
鬆淨專主一方立身須中正安舒支撑八面行氣如九曲珠無往不利
氣遍身軀之謂也運勁如百鍊鋼何堅不摧形如搏兔之鵠神
如捕鼠之貓靜如山岳動似江河蓄勁如開弓發勁如放箭曲
中求直蓄而後發力由脊發步隨身換收即是放斷而復連往復
須有摺叠進退須有轉換極柔軟然後堅硬能呼吸然後靈活
氣以直養而無害勁以曲蓄而有餘心為令氣為旗腰為纛
先求開展後求緊湊乃可臻於縝密矣又曰先在心後在身
腹鬆氣斂入骨神舒體靜刻刻在心切記一動無有不動一靜無
有不靜牽動往來氣貼背斂入脊骨內固精神外示安逸邁
步如貓行運勁如抽絲全身意在蓄神不在氣在氣則滯
有氣者無力無氣者純剛氣如車輪腰如車軸也

十三勢歌

十三總式莫輕視命意源頭在腰隙變轉虛實須留意氣遍身
軀不捎滯靜中觸動動猶靜因敵變化示神奇勢勢留心揆用

意得來功夫不顯遲刻刻留心在腰間腹內鬆靜氣騰然尾閭
正中神貫頂滿身輕利頂懸仔細留心向推求屈伸開合聽自由
入門引路須口授工夫無息法自脩若言体用何為準意氣君來骨
肉臣想推用意終何在延年益壽不老春歌歌歌歌百四十字字真
切意無遺若不向此推求去枉費工夫貽嘆息

乃太極拳之別名也掤攦擠按即坎離震兌四正方也採挒

長拳者如長江大海滔滔不絕十三勢掤攦擠按採挒
肘靠進步退步左顧右盼中以土定五行也合而言之十三勢也

[掤攦]即乾坤艮巽四斜角也進退顧盼中定水火木金土也

打手歌

掤攦擠按須認真上下相隨人難進任他巨力來打偕牽動
四兩撥千斤引入落空合即出粘連黏隨不丟頂又彼不動己不
動彼微動己先動似鬆非鬆將展未展勁斷意不斷

程靈洗字元滌江南徽州府休寧人授業韓拱月太極之功成大
用矣侯景之亂惟靈洗力保全皆靈洗力也梁元帝授以本郡太
守卒諡忠 (註二十三) (註二十四) (註二十五)

許宣平唐時朝生立朝剛正屈我潭然進封新安君候[改端]
明殿學士致仕卒邈居家常平難以濟人凡有利於眾者必
盡心為所著有落水集並將太極功拳名立一名為小九天雖
之遺名小九天書韓傳者不敢忘先師之所傳也 (註二十六) (註二十七) (註二十八)

小九天法式 (註二十九)

七星步 開天門 什錦背提手 臥虎跳澗 單鞭 穿梭
白鶴升空 大擋捶 葉裏花 猴頂雲 攬雀尾 八方掌
太極者非純功於易經不能得也以易經一書必須朝夕悟在心為

用功五誌

必須朝夕會在身中超以象外得其囊中人所不知而己獨知之
妙若非得師一點心法之傳如何能致使我手之舞之樂在其中矣

博學 是多審問 不是問 慎思心想念 明辨生生篤行
(註三十)

四性歸原歌

世人不知己之性何能得知人之性物性亦如人之性至如天
亦此性我賴天地以存身天地賴我以效局若能先求知我性
天地受我偏獨靈

甜境之名杜州自括之名不知怕民此是宋仲殊之師也仲殊安州人嘗遊姑蘇台柱書上聯（註三十二）絕云天長地久任悠悠你既無心我亦休浪迹天涯不管春風吹笛家樓仲殊所傳殷利亨太極拳（註三十三）意正心修身始也書及此後世萬不可輕洩傳人若謂不傳人地之角欲大成者則化功又成有武事必至命之道非異體之兒胡能也由立命以盡性至於窮神達化自天子至庶人何莫非誠

名曰後天法亦是掤擴擠按採挒肘靠也然而根本非兩事也則也如一家人分居各有所為也然而勢法名目不同其功用

後天法目（註三十四）

陽肘 陰肘 遮陰肘 肘裏鎗 肘間花 八方捶 陰五掌 單提肘 膝肘
雙鞭肘 臥虎肘 雲飛肘 研磨肘 山通肘 兩嚥肘

以太極功各家名目因子身臨其境並得其良友往來相助當非作技藝觀者也一家人恐其久而羞矣故筆之書以授後人玩索而有得焉則終身用之有不能盡者矣其餘太極功再有別名別目者吾不知之矣待後人有所考而記之可也其記無論用何等名目拳法惟太極則不能兩說也若太極說有不同乎不一家也却無論工夫高低上下（註三十五）

而上溯其根原東方先生再上而溯始孟子當列國紛紛固將立命之功所謂養吾浩然之氣塞（註三十六）

當年先師何以傳至予家也却無論遠近親朋自家傳者賢也尊先師之命不敢妄傳後輩如傳人之時必須想予緒記之心血與先師之訓誨而已

此書十不傳
一不傳外教二不傳無義三不傳不知師弟之道者四不傳收不住的五不傳半途而廢的六不傳得寶忘師者七不傳惡意橫行者八不傳好怒好慍者九不傳外欲太多者十不傳匪事多端者

此書有四忌
忌飲過量之酒色當色者夫婦之道要將有別字認清忌貪無義之財忌動不合中之氣一飲一啄在內

用功三小忌
食飽多 水飲多 睡時多

第二章　太极拳的功法 *

太极拳自古以来，本是我们民间锻炼身体、解除疾病、养生长寿的一种方法。他源远流长，历经先辈们的不断改进、充实、丰富与发展，形成了具有独特风格的一个拳种。

太极拳的特点是什么呢？

首先，从生理和医疗的角度来看，太极拳不同于其他运动（包括其他拳术），其特点是一种休息的运动，是内脏自我按摩的运动，因而也是健身、治病、养生和延迟衰老的运动。他本乎人生天然优美之发育，顺应先天自然之能力，使身体得到充分和谐的发展，而达到健康之目的。大家知道，练太极拳时要求静、慢、匀、柔、松等等，这样，意识集中，精神贯注，给大脑以休息；动作上轻灵活泼，情绪上安详乐观，从而锻炼我们的体魄，陶冶我们的性格；外炼骨骼、关节、肌肉，内炼五脏六腑，使身心同时得到发育。时间久了，达到内外相合，表里一致，从头到足，"无一处不轻灵，无一处不坚韧，无一处不沉着，无一处不顺遂"，通体贯串，丝毫无间，自然意静神恬，变化环生，而滋养生息，延年益寿。

其次，太极拳不同于其他拳术的关键，可归纳成四条原则：第一，以慢胜快；第二，以静制动；第三，以柔克刚；第四，以

---

* 此文为吴图南谈太极拳功法，出自《太极拳正宗》（于志钧编，香港聚贤馆文化有限公司1994年版）一书。

弱胜强。

关于太极拳的功

炼拳要达到精湛的地步，必须下一番工夫。怎么下工夫呢？

我对骨骼、关节、肌肉等在每个姿势中的位置是否符合生理上的特点，是否合乎自然发育的规律，曾做过大量的调查研究，结论是：姿势正确是基础。怎样才算姿势正确呢？我个人认为，姿势要跟原来的名称相符合，动作自然，表里如一，得心应手，这样才能达到锻炼的预期效果。根据我的体会，太极拳的功可概括成四种：

第一是松功。一般练太极拳的讲松，究竟怎样松？有人练了多年，自以为松得不错了，实际，不是松，而是懈。太极拳要求松，是松而不懈。所谓松，是指你的四肢百骸、关节、韧带无不柔和。我给他归纳四句话，就是前面提到的"无一处不轻灵，无一处不坚韧，无一处不沉着，无一处不顺遂"，然后才能达到通体贯串，丝毫无间。松才能沉，能松必能沉。要使关节、韧带、肌肉等松开、柔韧、活动自由、富有弹性，都能听你自由指挥调动，就必须通过练松功才能达到。

第二是着功。所谓着功，简单地说就是你往我来，一式一用。比如你练搬、拦、捶，你应该知道他是干什么用的，怎么叫搬，怎么叫拦，怎么叫捶。打个比方，对方打我一捶，我如何避开这一捶，这时可以分为三个阶段。第一阶段是对方将要打，刚刚出手的时候，你如何使之变化；第二阶段是打出来，你如何使他的力量达不到自己身上；第三阶段是打到身上了，对方的力量已经传导到身上了，如何应用内在和外在结合起来的一瞬间，转移对方力的方向，使力折回去，回到他自己身上去，使他力不从心，失去平衡，并把他弹出去。这些都属于着功。其他如揽雀尾、单鞭、左右分脚、山通背等等，都是着。着功要运用很熟练，有了初步着功，才有可能进一步提高。王宗岳的《太极拳论》里讲"由着熟而渐悟懂劲"，就是这个意思。

第三是劲功。为什么叫劲？他不同于一般的力，而是一种极活动的东西。他既没有一定的大小，也没有一定的刚柔，但他又刚又柔，又松又紧，又快又慢，又不即不离。为什么要练劲功呢？比方说，对方一着接一着，连续几着合起来，这时你如果光会着功，就将接应不暇，顾此失彼。这时你就非用劲功不可。劲功就是除去腰脊为主宰之外，其余所有部位都能随机应变，他怎么来，我就怎么变化，在不知不觉之中，收到可用之效。这就是劲功胜过着功的道理。

第四是气功。不是一般所说的气功，而是指太极拳的气功，是太极拳本身的功夫。王宗岳的《太极拳论》以及《十三势歌》、《十三势行功心解》等谈到气的就有十五六处之多，诸如：气沉丹田、气宜鼓荡、气遍全身、以心行气、以气运身、行气如九曲珠、能呼吸然后能灵活等等。可见气在太极拳里是十分重要的。

太极拳的气功，包括两个部分：一个是运气，一个是使气。运气就是把气吸来，存在丹田。呼气时，以心行气，用意念引导到让他去的部位，慢慢出气。时间久了，他就能按照你的心思去做。运熟了，尽管五脏六腑是不随意肌，通过交感作用，也能听你指挥。所谓使气，就是说，你让他起什么作用，他就起什么作用。通过练气、蓄气，使人体本身的元气，跟吃五谷杂粮得到的精微之气，以及天地呼吸之气，融会贯通，合在一起，为我所用。由内脏到肌肉，由肌肉到腠理，由腠理到皮肤，由皮肤到毛细孔，再由毛细孔把他放出来，延长出来，使这种气达到对方身体，而且使这个气跟对方的气结合到一起，来指挥对方的一呼一吸，这就是我们所说的太极拳的气。有了这个功就不用顾盼拟合，信手而应，纵横前后，悉逢肯綮。练太极拳不了解太极拳的气功，不了解内在外在之气，等于还没有十分懂得太极拳的道理。一般说的结合呼吸练拳，这只是很初步的东西。问题不这么简单。近来，练习太极拳，多有舍本逐末、舍近求远者，不循序渐进误入旁门。体不松而用着；着不熟而求劲；劲不整而炼气；气不感何以通神明？诚可谓"差之毫厘，谬以千里，学者不可不详辨焉"。

第三章　太极松功[*]

太极功小序

太极拳，理和气也。无此理，则气无以存；无此气，则此理无以明，是以在无极之中而有昭然不昧之本体存焉。太极之谓也。就依此天地自然生成之理，推之人体生生之所以然。然后，洞悉中国医学太极拳对人体五运六气生生不已之原则既明，气分阴阳，机生动静，则自然之规律得焉。及其大者，身心俱妙，应物自然；得其次者，却病延年，青春永寿。于是乎，太极功尚焉。语曰："识得内功（太极功）休再问，贯彻拳经千万遍。"即此意也。兹将太极功之松功，略述如下，使学者先略明太极松功之理，以及其所以然，作为练功入手之阶。然后，再及其他。要之，亦在学者能否体会而已。语曰："可以使人规矩，不能使人巧。"其是之谓乎？虽然，吾以生平之所学，笔之于尽，以示学者，尽心焉可矣，学者宜三复斯言！

辛亥年，冬，立春

八十四叟吴图南序

松功论

"太极拳其根在脚，发于腿，主宰于腰，形于手指，由脚而

---

[*] 本书首次全文发表吴图南《太极松功》。原书有吴图南语："识得内功休再问，贯彻拳经千万遍。"

腿而腰，总要完整一气，向前退后，乃能得机得势；有不得机得势处，身便散乱，必至偏倚。其病必于腰腿求之上，下前后左右皆然。凡此皆是意，不在外面。意于向上，即寓下意。有上即有下；有前即有后；有左即有右。"此太极拳通论，人所共知也。然何能至此？迄未言之。此予松功论之所由作也。

夫人体犹植树然，根深则蒂固，本固则枝荣，树之所以经大风而不倾折者，在根深而本固也，太极拳之所以推挽不移者，亦如是也。于是本松功尚焉，虽然，予创此松功，乃由多年体会，多年实践所得之结论，并未集思广益，难免闭门造车之弊，深望广大太极拳爱好者，不吝嘉言，共促祖国医学太极拳能在普及基础上有所提高，则幸甚矣。

凡练习太极拳者，皆知松、沉为太极拳主要之条件，而于练法与原理，则未见其著述，因此不论愚陋，略为论述，并创上肢松功、躯干松功、下肢松功、全体松功，凡十五章，大胆尝试，作为抛砖引玉而已耳。

松者，蓬松也，宽而不紧也，轻松也，放开也，轻松畅快也，不坚凝也，含有小孔以容其他体质之特性也，凡此种种，皆明示松之意义也。功者，劳绩也，成效也，事物之效用也。行为之效用，所生之作用也。对事物所显著之功用与力量也，生理器官之本能，如关节之动转也；锻炼所费之时间也。凡此种种莫不皆明示功之意义也。松功锻炼过程，常有各个关节动作不如无意之举，精进不已，渐觉略能随意，久而久之，方感动作松如，随心所欲，处处灵活，此时才知各个关节听我所用，周身随意肌方能随意也。不然，我之周身并不听我所用，活人乎？病人乎？实难言也。故祖国医学太极拳对人体慢性病与病后恢复期能起显著疗效者，良以此也。

松功之要，首在提举，提举愈高，下落愈速。有人不解提举之理，以为非松功也，殊不知向上提举有如扛鼎，不能上安能下？向上不松，下安能松？学者宜深切体会之，方自得也。松功如高举珠，倏然而松，有如断线珍珠，粒粒下落，如珠走盘，圆

活异常，节节贯串，鱼贯而下，方显活泼而不迟滞，动作自然，顺乎规律，发育身心自然之条件，合乎生理自然之能力，证之科学亦无不合也。

松功之效，以树为例，大风吹柳，枝条摇动，呼啸有声，任其摇摆而根不拔者，以其柔韧而顺遂也。风吹白杨，枝叶作响而本不动者，以其枝叶抖擞也。风吹松柏，寂然不动而体气和平者，以其应物自然也。人身通过练习松功之后，走如风，站如钉，立如松，坐如钟，卧如弓，周身无一处不轻灵，无一处不坚韧，无一处不沉着，无一处不顺遂，通体贯串，丝毫无间，一处受警，该处立即反射以应之，其他各处不受牵连，周身各点，均能反射，亦即处处是手，不单靠两手两足也。其便利为何如哉！在生理方面，畅运血脉，活动筋骨，身心发育，应物自然，方显圆活之趣，而无迟重之虞，气遍周身，强身健体，自在其中矣。且松功练习既久，上下左右前后均能舒展自如，有如常山之蛇，击其首则尾应，击其尾则首应，击其中则首尾俱应，呼应灵活，动作自然，有返其天真之妙。对于人体预防抻伤、扭伤、脱臼以及畸形发育，均有重大之裨益，中老年练习者，能推迟人体之衰老，或预防关节之硬化，此为太极拳松功之特点。学者如能持之以恒，坚持不懈，自能收强身健体之效，学者不可不知也。

在练习松功之初，首先宜注意姿势之是否正确，动作之能否自然。初练之时，往往有动作不从心之感，是未松开之现象，关节不能柔韧之表现，筋骨不活，血脉运行不畅，未能顺乎生理机能之所致，须耐心冲过此一关，然后自然有成，不可灰心而辍也。

祖国医学太极拳之松功，自有其科学上之根据，盖人体生存于地球之上，莫不受地心之吸引（失重除外），因此下降愈速则愈显沉，能松则吸引下降愈速，愈速则愈显沉，沉寓于松，无松即无沉。沉者，坠也，下降愈松则沉之愈重，故松功之松与沉，可同时收效，此宇宙自然之理也，学者宜探讨之。

祖国医学之太极拳，通过松功之锻炼，对于太极拳之形与势亦有莫大之效益。形者，若决积水于千仞之豁也。水之性，避高而趋下，决之赴深豁，因湍浚而莫之御也。太极拳松功，能乘敌之不备，掩敌之不意，避实而击虚，亦莫之制也。势者，坡上走丸，言其易也。松功既熟，有如转圆石于千仞之山者，势也。势如破竹，迎刃而解。故太极拳松功既成，则能本乎人生天然优美之发育，顺先天自然之能力，使全体得充分之发展，谋一生永久之健康，意在斯乎！意在斯乎？此予松功之所由作，良以此也。

祖国医学向主"不治已病治未病"，西医亦以防治为主，医疗为辅，以中西之通论如此也。而太极拳之松功，则使人体各个关节既轻松畅快，又灵活异常，既坚韧柔和，又宽而不紧，既无松懈乏力，又无坚凝不舒。通过锻炼，养成骨节灵敏，韧带柔韧，肌肉灵活，曲伸自由。如坚持以恒，能推迟衰老，与其得病而牵引，孰如未病锻炼松功。久而久之，推、拉、蹩（转不能稍移）、搂、扭、塌进，无由而生，顺其生理之机能，维护功能之永保。在技击方面，人不能到而己能到，语曰："不怕力大一石，只怕筋长一分"，即此义也。在锻炼各章中已说明者，不再重述，学者如能前后精读，细究，反复琢磨，参透其中深意，则强身健体，健康长寿自在其中矣，学者幸勿以予言为河汉也，是为论。

太极拳松功功架练法

太极拳之松与沉，为人人皆知之重要部分，至于如何方能达到此目的，则始终无详细之记载，众说纷纭，莫衷一是。予在六十年前，曾著有松功论，惜为人窃去，不知落于何人之手，但其中之论已陈旧，以现在目光视之，实为糟粕耳。容有时间再为补著可也。

现在仅就个人所体会，及限于个人之水平，单拟松功练法若干则，以授济子，缺点和错误在所难免，希同好者给予批评指正，则感激获益良多矣。

甲、上肢松功

1. 提举松功

提举松功之预备势说明：身体直立，面向前方，如太极势，

而后即以左右两臂为轴，由肩到手，手背向上，整个两臂循弧形向前提举，有如臂上压有千钧之力，徐徐随提随举，至两臂与身体上下成一直线为止。此时指、腕、肘、肩每个关节均伸展至极限，不可用力，即全部关节伸开，然后练习松功，其练法有五，说明如下：

（1）前松功：以前1势为准，提举之两臂倏忽循身体之前方松劲下落，任其在左右两膝侧前后自由摆动，任其自己停止，则肩、肘、腕、指之关节有如断线珍珠鱼贯而下，渐渐松开，不可用主观意识来指挥，任其自然落下，久而久之，每个关节无不松开焉。

（2）后松功：仍以前1势为准，提举之两臂倏忽循身体之后方松劲下落，其要求与（1）同。

（3）左松功：仍以前1势为准，提举之两臂倏忽循身体之左方松劲下落，其要求与（1）同。惟顺势左右摆动。

（4）右松功：仍以前1势为准，提举之两臂倏忽循身体之右方松劲下落，其要求与（1）同。惟顺势左右摆动。

（5）左右松功：仍以前1势为准，提举之两臂向左右分开，循身体之左右方松劲下落，其要求与（1）同。惟两臂交叉摆动。

2．顶上盘松功

顶上盘松功之预备势说明：顶上者，在头顶之上也。盘者，盘旋缠绕之义也。有如顶上承一铜盘，循盘旋绕使每关节在顶上旋转松开，周而复始，如环无端。其预备势即身体面向前直立，如太极势，而后以肩为轴，由手（手背向上）至肩，整个手臂循弧形向前提举，有如臂上压有千钧之力，但不用力，徐徐随提随举，至手与肩平为止（即与身体成九十度角），此时指、腕、肘、肩每个关节均伸展至极限，即全部关节伸开，然后练习松功，其练法有二：

（1）前盘松功：以2势为准，提举之两臂倏忽循头顶之上，由前而内而后而外而前，在头顶上盘旋一周，松劲下落，则左右臂各在头顶上每作左右盘旋，注意手臂不要冲撞。

（2）后盘松功：以2势为准，提举之两臂倏忽循头顶之上，由前而外而后而内而前，在头顶上每盘旋一周，松劲下落，则左右臂各在头顶上每作左右盘旋。注意与（1）同。

3. 肘盘松功

肘盘松功之预备势说明：身体直立，面向前方，如太极势，而后即以两臂向前平举，手与肩平为度，而后上臂平伸不动，肘、腕、指各个关节均伸展至极限，即全部关节伸开，然后练习肘盘松功，其练法有二，说明如下：

（1）内盘松功：以3势为准，双手手心向下，以肘为轴，由前而内而后而外而前，左、右手各向内作一平圈，惟系倏忽动作，预防两手冲撞。

（2）外盘松功：仍以3势为准，双手手心向下，以肘为轴，由前而外而后而内而前，左、右手各向外作一平圈，惟系倏忽动作，预防两手冲撞。

4. 腕挂、刁、钩、抖、弹松功

手掌向内为挂，向外为刁，由上向下为钩，腕部向斜上方戳出为抖，钩由下而内而上而外为弹。

腕挂、刁、钩、抖、弹松功之预备势说明：身体直立，面向前方，如太极势，而后即以肩为轴，两臂向前平举，至手与肩平为度，肩至小臂（肱）平伸不动，而后腕、指每个关节均伸展至极限，即全部关节伸开，然后练习腕部松功，其练法有五：

（1）挂松功。向里为挂。以4势为准，双手手心向上，以小指领先，五指循环而进，以腕为轴，平掌由前而内而后平挂，松腕随指旋转，至小指与肱接近为止，然后还原。注意循序渐进，以免扭伤。

（2）刁松功。向外为刁。以4势为准，双手手背向上，以小指领先，五指循序而进，以腕为轴，平掌由前而外而后平刁，松腕随指旋转，至小指约与肱接近为止，然后还原。注意与（1）同。

（3）钩松功。以4势为准，双手手背向上，以小指领先，五指循序而进，以腕为轴，五指由前而下而后下钩，松腕随指旋转，

至小指约与肱接近，然后还原。注意与（1）同。

（4）抖松功。以4势为准，双手手背向上作钩，松腕，用腕部向斜上方戳而抖擞，然后还原。注意与（1）同。

（5）弹松功。以4势为准，双手手背向上作钩，松腕，以大指领先，五指循序而进，以腕为轴，五指由下而内而上而外，弹而甩出，为弹物然，然后还原。注意与（1）同。

5．手部松功

手为上肢骨之一，分腕骨、掌骨、指骨三部。其松功之练习，先练指松功如点、击二功，掌松功如推、按二功。点者如以笔着纸即起回点。击者，敲打也。推者，前移如推车然。按者，抑也，如压之使不得起。手部松功练法，则上肢之松功能事毕，必须持之以恒，久而不懈，日久方见功效，不可心急。细细体会，自有成功之一日，学者须三思之。

手部松功之预备势说明：身体直立，面向前方，如太极势，而后以肩为轴，两臂向前平举，手与肩平为度，双肩向前平伸不动，指掌每个关节均伸展至极限，即全部关节伸开，然后练习手部松功，其练法有四：

（1）点松功：以前5势为准，双手手心向下，以双手十指尖端，向前松指点出，用倏忽轻脆之法，一点即回，点如针之刺，如雀之啄，轻灵敏捷，不可有丝毫迟滞，方为得法。

（2）击松功：仍以前5势为准，双手手心向下，用双手十指第二、三节向前松指击出，击有如敲打物然（如敲锣打鼓），一击即回，用倏忽轻脆之法，不可丝毫迟滞，方为得法。

（3）推松功：仍以前5势为准，双手手心向下，以双手手掌骨及手心向前松劲推出，劲向前移，如推车上坡然，用倏忽轻脆之法，一推即回，不可有丝毫迟滞，乃告成功。

（4）按松功：仍以前5势为准，双手手心向下，用双手掌根和腕，向前松掌按出，劲下抑前推，踏掌，掌根和手心突出，十指后翻，与腕成九十度角，用倏忽轻脆之法，一按即回，不可有丝毫迟滞，久之全手均现一种弹力，方为成功。

总之，点、击、推、按四法，为练习指掌松灵之法，必须达到双手掌心突出，增强指掌弹抖之力，方为得法。

以上五则，由提举松功至手部松功，如能认真练习，则上肢各个关节、韧带、肌肉均能运用自如，对将来推手时打下良好基础，一处为人所拿住，只局部即能化开，不至牵制全身也。学者宜深深体会之，乃能悟也。

6. 空拳全臂松功

空拳者，十指松拢作空拳，使十指均能发挥其作用，中医学有五指所习内脏之作用之学，为小指习肾，大指习脾胃等。因此空拳全臂松功有其重要意义，将来在功能练习时再为详述。

空拳全臂松功之预备势说明：身体直立，面向前方，为太极势。而后即将左右手各松拢握一空拳，为拳中握鸡蛋然。此时，肩、肘、腕、指各个关节均松开伸展，然后练习空拳全臂松动，其练法有二：

（1）前松功：以前6势为准，而后用左手摇着右腋下前后两块肌肉，然后右手握空拳由右胯侧而前而上而后而下，以肩为轴，松劲伸展，倏忽作一圆圈，则全臂在空拳带领下肩、肘、腕、指各个关节无不松开。其左手练法与右同。

（2）后松功：以前6势为准，而后用左手摇着右腋下前后两块肌肉，然后右手握空拳由右胯侧而后而上而前而下，以肩为轴，松劲伸展，倏忽作一圆圈，则全臂在空拳带领下肩、肘、腕、指各个关节无不松开。其左手练法与右同。

总之，通过全臂松功之练习，使全臂有如一条七节鞭，在将来应用时，打下良好基础。无论是分节应用，还是整个应用，均能裕如从心，或搜，或扫，或抢，或抽等，节节贯串，丝毫无间，而沉亦在其中矣。足致练习太极拳者，能于此种加意研求，则松沉之法斯过半矣。要在学者之细心体会耳。

乙、躯干松功

7. 肩前后松功

肩系颈项下与臂连展之部分。前有锁骨，后有肩胛骨，为

臂与颈项连接之处，如不能松，则易由于臂之失势而影响颈项及躯干，故为免去牵动周身之僵直，松肩极为必要，学者须加意研求，万勿忽视之也。

肩前后松功之预备势说明：身体直立，面向前方，如太极势，而后即将左右肩松开随左右臂向下松沉，使肩关节伸展至极限，即全部伸开，然后练习肩前后松动，其练法有二：

（1）肩前松功：以7势为准，而后用右肩头向前松劲一击（合锁骨与肩胛骨），一敲即回，然后还原，其左肩之动作与右肩同（均用松劲）。

（2）肩后松功：仍以7势为准，而后用右肩头向后反甩，用肩胛骨带锁骨，一甩即回，然后返原，其左肩之动作与右肩同（均用松劲）

注意：因系倏忽之间敲甩，宜防扭伤。

8．颈项松功

颈者，连接头部与躯干之部分，在前曰头，在后曰项，颈椎者，颈部之脊骨，颈肌者，功用在于转动头部。如果颈、项、头椎、颈肌等不能松开，则头部不能转动自如，对全身之动作影响极大。故为收颈领项颈及顶头之效，使周身轻灵，练习颈项松功实为必要之途径，学者须注意焉。

颈项松功之预备势说明：以8势为准，身体直立，面向前方，而后头顶向上震领，使颈椎各关节伸展至极限，即颈关节全部伸开，肩部向下松沉，头向上顶，然后练习颈项松功，其练法有六：

（1）颈项前松功。身躯不动，以头顶领先向前俯，颈椎由上而前而下松动弯屈，使颈部关节及颈肌全部松开为度，然后还原。注意循序渐进，不可猛动，以防扭伤。

（2）颈项后松功。身躯不动，以头部领先向后仰，颈椎由上而下，松劲后仰，使颈项关节及颈肌全部松开为度，然后还原，注意与（1）同。

（3）颈项左侧松功。身躯不动，以头顶领先，向左侧弯，颈椎由上而下而左松动左屈,使颈项关节及颈肌全部松开为度,然后还原,注意与(1)同。

(4)颈项右侧松功。身躯不动,以头顶领先,向右侧弯,颈椎由上而右松动右屈,使颈项关节及颈肌全部松开为度,然后还原,注意与(1)同。

(5)颈项左顾松功。身躯不动,以头顶领先,向左顾,颈椎由前而左松颈旋转,及颈项关节及颈肌全部松开旋转为度,然后还原,注意与(1)同。

(6)颈项右盼松功。身躯不动,以头顶领先,向右盼,颈椎由前而右松颈旋转,及颈项关节及颈肌全部松开旋转为度,然后还原,注意与(1)同。

总之,颈部为人体之重要部分,其颈静脉向内躯体前伸张,经过颈部之一对大静脉,其颈椎神经,分布于颈部、肩部、上肢、胸部、隔膜等之神经,共有八对,故颈椎松功之练习,如果能得其法,对于人体功能、生理机能裨益良多。是以学习太极拳者,对此功练习,宜加意研究,万勿以平常而忽视之也。

9. 胸背松功

胸者,人体颈下腹上之部分;胸肋者,胸部中央之骨;背者,胸之后面,即背脊也;脊者,人体背部中央之骨;胸椎者,胸部之脊椎骨,即十二胸椎;肋骨者,在躯干上部,胸膊两旁之骨,共十二对也,前接胸骨,后接脊椎骨而成胸廓。胸廓者,人体三大脏之二心、肺均藏在内,故胸背之能否松开,关系到人体血液循环与呼吸。习太极拳功能练习者,对胸背松功,务须加意体会,不可以其简而忽之也。

胸背松功之预备势说明:身体直立,面向前方,为太极势,而后即将胸、背、肋骨各个关节均松开伸展至极限,即全部伸开,然后练习胸背松功,其练法有二:

(1)胸背前松功:以前9势为准,而后两肩松劲后挣,以两肩胛骨行将对头为度,胸骨及肋骨向前突出,然后还原。注意:胸腔为心肺所在地,必须松动徐进,不可勉强从事,以防挫伤。

（2）胸背后松功：以前9势为准，而后两肩松劲前凹，两肩胛左右分开至极限为度，脊椎骨即肋向后拱出，然后还原，其注意与（1）同。

10. 腰腹松动

腰者，人体胯上肋下软之部分；腹者，人体胸以下之部分，正面曰腹。腰椎者，腰部脊椎骨；肋者，胸旁之肋骨。腰椎有五，其第二腰椎，为人体重心之所在，故人体之运动，腰椎实起重要作用，如车之轴。腰椎神经，分布于腰部与下肢内侧之神经。腹腔者，身体三腔之一，内藏胃、肠、肝、脾、肾等脏，尤且腹脐下之丹田穴位更为重要。学习太极拳者，对于腰腹之能否既松且静，视为必要之途径。中医谓腰腹为养命之本，诚不虚也。腰椎之下，有五荐椎，及五尾椎，若不松开，对人体动转不灵，进退不便，故腰腹松功，实有加意练习与研究之必要，学太极拳者，不可不知也。

腰腹松功之预备势说明：身体直立，面向前方，为太极势，而后尾闾正中，精神贯注百会，气沉丹田，虚领顶劲（即拔顶）。此时腰腹关节与肌肉均伸展至极限，即全部伸开，但不可用力，以免伤及内脏，然后练习腰腹松功，其练法有六：

（1）腰腹前松功：以10势为准，而后将左右臂由左右两胯侧徐徐向前而上伸举，至与身体上下成一直线为度，手心向前，十指向上，十指分开，然后十指各自向前摇动，以十指领先，两臂及腰腹随之，由上而前而下，至指到两足尖为度，然后循原路线还原，但胯以下保持直立不动。

（2）腰腹后松功：以10势为准，而后将左右臂由左右两胯侧徐徐向前而上伸举，至与身体上下成一直线为度，手心向前，十指向上，十指分开，然后十指各自向前摇动，以十指领先，两臂及腰腹随之，由上而后徐徐后摇，尽力而为，不可勉强，以防内伤，然后循原路线还原，但胯以下保持直立不动。

（3）腰腹左侧松功：以10势为准，而后将左右臂向左右平举，至与肩平为度，手心向下，十指向左右伸展，各自分开，然后十指上下各自摇动，以十指领先，两臂及腰腹随之，胯以下保持直立不动，躯干随左臂由上而左侧弯，左手五指至左膝旁为度，右手五指至头顶上为度，然后还原。

（4）腰腹右侧松功：其练法与(3)相同，只动作向右而已。

（5）腰腹左转松功：以10势为准，而后以腰腹领先，两臂从容下垂随之，躯干由前而左而后旋转，以面视后方为度，而臂任其随身摆动，然后还原。旋转时须徐徐而进，以免扭伤。

（6）腰腹右转松功：其练法与(5)相同，只动作向右而已。

腰腹部分，为习太极拳者之主要部分，意气能否换得灵，能否中正圆活，能否预防疾病，能否增强体质，等等，均有莫大之关系。它如腹松柔之锻炼，容在太极拳气功论中再为评述。至于上述(1)(2)(3)(4)中所述十指各自摇动之意义，将在太极拳功能练习与体疗论中再为评述，此学者所当知也。

丙、下肢松功

11. 胯提举松功

胯者，两股之间也。髋者，躯干下部连接两股之骨也。胯骨者，髀骨也。髀骨者，一名胯骨，在躯干下部，左右各一枚，合肠骨、坐骨、耻骨而成。肠骨者，在臀部上部，切近大肠处之骨；坐骨者，尻骨(脊骨大头之处)之一部分，适当坐处，故名；耻骨者，人体骨盘中之一种髀骨，在生殖器上面。骨盘者，下肢骨之一，在躯干下，合肠骨、荐骨、尾骶骨、耻骨、坐骨而成，其形为盘，是以名之。荐骨者，在脊柱下端，旁附髀骨，下接尾骶骨。髀骨者，人体骨盘以下与下肢连接处，尾骶骨者，背脊之后梢，即脊柱末端之骨，上接荐骨，略成三形。综上所述，则胯之关节构成较为复杂，须先了解其概念之多个结构，以及其承上启下之作用，亦即躯干与下肢之关系，在人体与下肢所占之部位，然后在太极松功练习时，方能引起学者之注意，而有加意探讨之必要，此学者所当知也。

胯提举功预备势说明：身体直立，面向前方，如太极势，而后两脚平踏，足跟、足心、足掌、足趾及膝胯各个关节均伸展至极限，即全部伸开，然后双手握拳作抱肘势，紧贴两肋，拳眼向外，然后练习胯提举松功，其练法有六：

（1）胯提举前松功：以前11势为准，而后以左胯为轴，将左腿上提，屈膝，钩足，足跟与臀相接为度，以足指领先，由下而上而前而下而后而上，松劲作一环形，然后还原，切忌底腿（独立腿）摇摆及身躯动摇。其右腿之练法与左腿同，不再详述。

（2）胯提举后松功：以11势为准，而后以左胯为轴，将左腿上提，屈膝，钩足，足跟与臀相接为度，以足指领先，由下而上而后而下而前而上，松作一环形，然后还原。其切忌与（1）同。其右腿之练法与左腿同，不再详述。

（3）胯提举内松功：以前11势为准，而后以左胯为轴，以左足趾领先，由下而内而上而外而下，松劲作一环形，然后还原。其切忌与（1）同。其右脚之练法，与左腿同，不再详述。

（4）胯提举外松功：以11势为准，然后以左胯为轴，以左足趾领先，左腿由下而外而上而内而下，松劲作一环形，然后还原。其切忌与（1）同。其右脚之练法，与左腿同，不再详述。

（5）胯提举侧前松功：以11势为准，然后以左胯为轴，以左足趾领先，左腿外侧由下而前而上而后而下，松劲在外侧作一环形，然后还原，其切忌与（1）同。其右脚之练法，与左腿同，不再详述。

（6）胯提举侧后松功：以11势为准，然后以左胯为轴，以左足趾领先，左腿外侧由下而后而上而前而下，松劲在外侧作一环形，然后还原，其切忌与（1）同。其右脚之练法，与左腿同，不再详述。

总之，胯部之构造极为复杂，在太极拳中为承上启下关键之所在。在练习该部松功时，必须详细体会该部各个关节生理机能之特点，神经功能之意义，对于预防疾病，治疗疾病，均有莫大之关系，学者宜详察之，多加体会，益莫大焉！

12．膝盘松功

膝者，人体股、胫相接之部分，胫者，从膝至脚跟之部分，即小腿也。胫骨者，下肢骨之一，形如杆。在小腿中与腓骨并列，上连大腿骨，即股，下接足部之跗骨。腓骨，小腿后面肌肉凸出处，俗称腿肚。膝盖骨者，膝髌前栗式之小骨。故膝关节在人体下肢部分为一重要关节，若不松开，对于太极拳之动作，不能取得满意之效果。动作之灵活全赖此关节之灵敏性，练习膝部之松功，实为必要，学者须注意焉！

膝盘松功，因前存膝盖骨，小腿不能向上盘旋，故在练习时，有如膝下设一复盘，与肘盘松功，适得其反，仅下膝下盘旋也，学太极拳者须体会之。

膝盘松功之预备势说明：身体直立，面向前方，如太极势，而后尾闾中正，精神贯注百会，气沉丹田，虚领顶劲，此时胯、膝、足趾关节与肌肉，均伸展至极限，即全部伸开，但不用力。然后右手抱肘，左腿向前提起，以左胯为轴，至左足与左胯而成一前后直线为度（其右腿练法与左腿同）。然后练习膝盘松功，其练法有二：

（1）内盘松功：以 12 势为准，左腿股平伸不动，以左膝为轴，小腿松劲以足跟领先，由前而内而后而外而前，在膝下作一平圈，然后还原。惟系倏忽动作，须防膝部扭伤。其右腿练法与左腿同。

（2）外盘松功：仍以 12 势为准，左腿股平伸不动，以左膝为轴，小腿松劲以足跟领先，由前而外而后而内而前，在膝下作一平圈，然后还原。惟系倏忽动作，须防膝部扭伤。其右腿练法与左腿同。

总之，下肢均系单腿练习，最忌上身及底腿摇动，学者应特别注意掌握为是。

13. 足跟（即脚腕或称脚脖子）叼、拐、拨、扬、奔松功

足者，人体下肢之最下部分。足骨者，分跗骨、跖骨、趾骨三部分，属下肢骨范围。跟者，脚之底部。跗骨者，在下腿骨与跖骨间之骨，共七枚，即脚背。趾骨者，在足骨尖端，左右各十四枚。跖者即脚底板。

足在下体与地面相接触，支持人体之站立、负重、行动之作用。在太极拳锻炼过程中，做出各种动作。无论双足落地或一足提起一足落地，或跳跃动作之双足离地，均赖足之活动敏捷，方能动转自如。因此，足关节之能否灵活，实关系到全体动作的优美或拙劣，故足关节之能否松开，乃为太极拳重要关键之一。故足之松功，实为必要，学者需注意焉！

足跟即为下腿骨与足连接之处，其关节之动转至为重要，故必须松开，方显活动适用。叼者，如小猫之以爪叼鱼。由前向内向后，轻快异常。拐者，由前向外向后转移方向，如引路之转角；泼者，如泼水；扬者，如扬尘；奔者，如水势急流，形容疾而伶俐也。故用此方法以活动下腿在足之间的关节较为关键。既能载全身之重量，又能收灵活之效果，实一举两得，皆有裨益也。学者当细思之。

足跟叼、拐、泼、扬、奔之预备势说明：身体直立，面向前方，如太极势，然后左腿上提，至膝与胯平为度，左小腿下垂，足与膝上下成一垂直线，足跟、跗骨、趾骨、跖骨之各个关节均伸展至极限，即全部伸开，但不用力。然后练习足跟松功，其练法有五：

（1）叼松功：以13势为准，然后左足向下领，以左足跟领先，由前而内而后而外，松劲作一平圈，亦即以足跟内挂而由内向后拉之之谓也。然后返原，其右足动作与左足同。

（2）拐松功：仍以13势为准，然后左足向上钩，以左足跟领先，由前而外而后而内，松劲作一平圈，亦即以足跟外挂由外向后拉之之谓也。然后返原，其右足动作与左足同。

（3）泼松功：仍以13势为准，然后以左足跟为轴，以左足大趾领先，由前而内而上而外，松劲作一立圈，有如泼水之状，动作轻脆，宜防扭伤，然后还原，其右足动作与左足同。

（4）扬松功：仍以13势为准，然后以左足跟为轴，以左足大趾领先，由前而外而上而内，松劲作一立圈，有如扬尘之状，动作轻脆，宜防扭伤，然后还原，其右足动作与左足同。

（5）奔松功：仍以13势为准，然后以左足跟为轴，以左足大趾领先，由前而上而下而后，松劲作一前面上半圆圈，其轻松猛烈之态，有如万马奔腾之状，因奔力，宜防扭伤，然后还原，其右足动作与左足同。

总之，此五种练习，系活动足跟、跗骨、趾骨、跖骨之各关节。胯、膝、足关节均须松开一致，不可认为只系足部运动，实为下肢之整体运动，此学者所当知也。

因系单腿之动作，须保持躯干及底腿之平衡，以腰为之主宰，顶头上悬，精神提起，意识集中，方能收松功之效。学者不可认为局部之动作，而忽视整体之意义也。学者须细心玩索，然后方能得松功之要领，不可以其简而忽之也。

14．足踢、踩、踏、蹬松功

足之关节，足趾为足之末梢，左右足各十四枚，为支撑人体平衡之主要关节。当人体行将滑倒之时，足趾即显其作用，用力抓地，即可不倒，故该部之能否松开，才能显出其各趾之功能。足掌在足趾之前，为着地之紧要关节，为维持身体之前后动作平和不可缺少之部分。足心为一弓形，发挥弹跳之力，为足部起缓和之作用。足跟为支撑全体重心之支柱，故以上足之各部，在练习太极拳者之必须注意之关键所在。动足之轻重，实皆赖此各部之灵活，学者须细心体会，方能收全体轻灵敏捷之效。故松功尚焉！

踢者，以足尖蹴物，轻脆不使人知其谓也。

踩者，用足掌践物，踩在足下之谓也。蹬者，用足跟履践，以足跟踹之之谓也。太极拳足之踢、踩、踏、蹬使足之各个关节均能转动自如，则进退伸缩各尽其利，全身之灵活实皆赖之，此学者当知也。

足踢、踩、踏、蹬之预备势说明：身体直立，面向前方，如太极势，然后左右手握拳抱肘，拳眼向外，与左右胁紧贴。左膝向前提起与左胯平为度，左小腿下垂，胯、膝、足跟、足心、足掌、足趾各个关节均伸展至极限，即全部伸开，但不用力。其右

腿与左腿同。然后练习足踢、踩、踏、蹬松功。其练法有四：

（1）足踢松功：以14势为准，而后以左足跟为轴，绷足面，吸脚心，以左足大趾领先，用左足趾尖端向前松劲平踢，一触即回，如戳物然，然后还原。其右足动作与左足同。

（2）足踩松功：仍以14势为准，而后以左足跟为轴，足趾向上钩，吐足掌，吸足心，用左足掌向前松劲平踩，一踩即回，如践物然，然后还原。其右足动作与左足同。

（3）足踏松功：仍以14势为准，而后以左足跟为轴，搓脚面，钩脚尖，吐脚心，用左足心向前松劲平踏，一踏即回，有如践踏之义，然后还原。其右足动作与左足同。

（4）足跟松功：仍以14势为准，而后吐足跟，钩足面，钩足趾，吸脚心，用左足跟向前松劲平蹬，一蹬即回，如踹物然，然后还原。其右足动作与左足同。

总之，足部各个关节之松功，均起活动轻巧灵敏之作用，足部在人体下肢之末梢，与地面直接之触，支撑全体之重量，一举一动关系到全身，前倾后仰，左歪右斜均能调和之作用；一身举止，无不赖足部之动转，所谓举足轻重即指此也。学太极拳者，不可轻此如之意乎？学者须细细体会之，对于动作之活泼伶俐轻灵奇巧，益实大焉。

丁、全体松功

15. 全体松功（云松功、游荡松功、抖擞松功）

学太极拳之松功，为学者易于接受和练习，先将上肢松功、躯干松功、下肢松功等，按各个关节分别阐述局部锻炼之意义与练习之方法，使学者了解生理功能与解剖病理之部位，为将来研究功能练习，打下良好基础。现将全体松功再为论述，使学者在局部练习基础上提高到整体练习，方能收全部松功之效益，亦即由头到足均能应乎人生天然优美之发育，顺先天后天自然之能力，使全体得充分之发展。谋一生永久之健康，身心兼顾，伶俐活泼，自头至足，无一处不轻灵，无一处不坚韧，无一处不沉固，无一处不顺遂，通体贯串，丝毫无间。无病者通过锻炼可以增强体质，预防疾病；病患者（尤其慢性病）通过锻炼配合，可以提早痊愈；对于病愈恢复期通过锻炼可以迅速恢复健康。通过各地太极拳之实践证明，确对体疗方面有所裨益，就必须持之以恒，坚持不懈，方显功效，学者注意焉。

兹为使学者易于了解起见，先将全体松功分作上肢与躯干松功，上下肢联合松功，全体松功，作为三部分锻炼与练习，接受易，收效大。通过练习，能达到畅运血脉，活动筋骨，通体柔韧，推挽不移，显示出太极拳体疗之特点，也为自卫技击打下良好基础，乃一举而有兼顾之利焉。

云松功者，上肢与躯干之松功也，其动作如云之旋绕周身，前后左右无云不到，既松且匀，甚为活泼。游荡松功者，上下肢起落游荡，如表之摆，来去有时，既有节奏，又有规律，上下起落活泼自然。抖擞松功者，头、颈、项、肩、肘、腕、指、胸、腹、腰、胯、膝、足、跟、趾之各个关节，无不精神抖擞、轻快异常，全体有如一七节鞭，节之灵活，处处松韧，一处受警，别处不受牵连，有各自为战之能力，但不失整体之观念。故通过全体松功之练习，周身节节贯串，分之则起局部之作用，合之则起整体之作用，无丝毫迟滞间断之弊，对于通体健康，身心发育，益处大焉。学者不可以其简而易学而怠之也。

全体松功（云松功、游荡松功、抖擞松功）之预备势说明：身体直立，面向前方，为太极势，然后全体各个关节均伸展至极限，即身体全部松开，任其自然，但不用力。然后练习全体松功，其练法有三：

（1）全体云松功：以15势为准，而后以两足踏稳，如钉地面，全体任意动荡而足不稍移为度，即站如钉也。然后左右手左右周身旋绕有如云，围绕者然，是以名云。其练法：左右手手心向上，由左右胁侧向前平身，以直为度，两手外援相挨，然后双手平掌各由前向外向怀向内向前在胸前各作一平圈，双手手心向下向前伸直，双手大指相挨为度，然后左右手由后经左右腋下而回到全体前方，手心向上，两手外援相挨，然后还原。注意动作

必须活泼灵敏倏忽轻脆，如云之绕，绵绵不绝方为得体，此前方松功之大累。反之，则为后方松功，仍以前15势为准。然后左右手手心向上，由左右胁侧向前平伸，以直为度。两手外缘相挨，然后双手平掌各由前向腋下，向全体背后尽力伸展，手心向上大指相挨为度，然后左右手手心向下在背后各向左右分开。由后而外向前，在全体之前平伸。以直为度，两手大指相挨，然后双手平掌各由前而内而怀而外而前各作一平圈，双手手心向上，向前伸直，双手外缘相挨为度，然后还原。其注意与前同。

（2）游荡松功：仍以15势为准，然后左右腿向左右分开，作大马步，左右两肢以平为度，身躯直立，不前倾，不后仰，不左右歪斜，先练左游荡松功，亦即左右手松劲向左上方提举，双手提至左耳侧为度，然后双手松劲由左耳侧而左而下而右耳右身侧，作一横圈，全体随双手之左右上下而随之起伏，愈轻松活泼愈妙。遂即将双手采其左右游荡之势，即将左右手由右耳侧松劲；由右耳侧而右而下而左而左耳侧作一横圈，往后游荡，如摆之状，上下浮。川流不息，躯干下肢，无不随之左右上下游荡，方为得法。然后还原。其右游荡松功与左同，不过先提举左右手至右耳侧。再作相反之动作而已，不再作评述。

（3）抖擞松功：仍以15势为准，然后以左右两肩领先，由头至足，各个关节均松开，上下拉直，精神提起，左右前后任意抖擞，无一关节不伸开，无一关节不动荡，无一关节不活泼，无一关节不抖擞，周身上下，如珠一串，各个关节松开异常，方为得法。学者须耐心锻炼，细心领会，久而久之，才能成功，不可心急造次，则反收不良之后果，语曰"欲速则不达"者，此也。

以上全体松功，如能玩索有得，则通体自有松快之感，对于盘架、推手、应用等大有裨益，而达畅运血脉、活动筋骨，通体贯串，丝毫无间，却病延年，以加强体质之效。学者在练习松功之时，无论局部或全体，均须有整体观念，身心兼顾，以强身保健为主，方合中医学太极拳之本旨，学者须注意焉。

跋

中国太极拳在定势练习时,务求姿势正确,动作自然,此太极拳之基本功,必须耐心锻炼,持之以恒,自能收增强体质之效益。然后再以连势之锻炼,不可草率从事。要事事做到家,处处不走样,才能将太极拳全套连为一体,一气呵成,显出轻灵活泼,敏捷连贯之妙,自然感有轻快舒适之意味,则达到身心同时发育之目的矣!然而,此时常有感到周身关节不活,动作缺乏柔韧,往往有势不随人之感。余针对此一问题,经数十年之体会,创此太极拳松功若干例,计十五势,简而易行,收效亦宏,颇为学者所欢迎。松功练过之后,对于盘架子确实有所提高,此为学者所共认,余亦略堪以自慰耳。兹以松功既以练熟,再行进一步之研究,实有必要,余再提出问题数则,以供学者参考,想以为学者乐闻焉:

1. 同方向,又同时;
2. 同方向,不同时;
3. 不同方向,同时;
4. 不同方向,又不同时。

学者如在此方向与时间两者之变化加意探讨,则一心二用之妙,悉在掌握之中,对于推手练习,大有裨益也。要在学者之细心体会耳。

第四章　太极拳气功论（宗气论）*

太极拳在锻炼过程中，欲达到高级精湛之目的，必须练太极功，以促进其精进。予曾先后创作"著功"若干则、"松功"若干则、"劲功"若干则。通过学者练习，确认其确实能收到裨益。兹将太极拳内景，编著太极拳"气功"若干则，以示学者，先由宗气入手，因作宗气论。

太极拳所谓"无极而太极"者，不可极而极之之谓也。《易》曰："寂然不动，感而遂通。"丹书云："身心不动以后，复有无极真机。"言太极之妙本也。是知气功所尚者，静定也。盖人心静定，未感物时，湛然一理，即太极之妙也。一感于物，遂有偏倚，即太极之变也。苟静定之时，谨其所存，则一理常明，虚灵不昧，动时自有主宰，一切事物之来，俱可应也。故静定功夫纯熟，则有不期而然者，自然至此无极真机之境，于是乎太极拳之妙既明，天地万物之理悉备于我也。

天地万物，非气不运，非理不宰，理气相合，而不相离者也。盖阴阳者，气也。一气屈伸，而为阴阳动静也。理者，太极也，本然之妙也。所以纪纲造化，根柢人物，流行古今，不言之蕴也。是故在造化则有消息盈虚，在人则有虚实顺逆，有消息盈虚，则有范围之道，有虚实顺逆，则有调剂之宜。斯理也，实难

---

* 此文选自《太极拳正宗》（于志钧编，香港聚贤馆文化有限公司1994年版）一书，在内地首次发表。

言之。故包羲氏画之，文王彖之，姬公爻之，仲尼赞而翼之，黄帝问而岐伯陈之，越人难而诂释之一也。但经包、文、姬、孔则为易立论，于岐、黄则为灵素辨难，于越人则为难经，书虽不同，而理则一也。知理一则知易以说阴阳，而素问而灵枢而难经，皆本阴阳而阐论也。易理明则可以范围天地，曲成民物，通知乎昼夜。灵素难经明，则可以节宣化机，拯理民物，调燮扎瘥疵疠而登太和。故精于太极拳者，必精于易而善于医；精于医者，必由通于太极拳，而收不药而医之疗效。术业有专攻，而理无二致也。其洞彻理合气之旨，会理之精，立论之确，即通乎太极拳体疗之义，比之拘方之学，一隅之见者，则有至简至易之体疗作用，其太极拳之特征欤？质之身受太极拳之效益者，必以予言为然也。

故太极拳之妙用，在能运用天地大气鼓（鼓，撬动也）韛，人身非此气鼓韛，则津液不得行，呼吸不得息，血脉不得流通，糟粕不得传送。内经阴阳应象大论曰："天气通于肺，地气通于嗌"（嗌，咽喉也。史记饮令下嗌）。"风气通于肝，雷气通于心，谷气通于脾，雨气通于肾。六经为川，肠胃为海，九窍为水注之气。"是以天人一致之理，不外乎阴阳五行。盖人之气化而成形者，即阴阳而言之。夫二五之精，妙合而凝，男女未判，而先生此二肾，如豆子果实出土时两瓣分开，而中间所生之根蒂，内含一点真气，以为生生不息之机，名曰动气，又曰原气。禀于有生之初，从无而有，此原气者，即太极之本体也。名动气者，盖动则生，亦阳之动也。此太极之所以行也。两肾静物也，静则化，亦阴之静也。此太极之体所以立也。动静无间，阳变阴合，而生五行，其命门之谓乎？素问曰："肾藏骨髓之气。"难经曰："男子以藏精，非此中可尽藏精也。"盖脑者髓之海，肾窍贯脊通脑，故云如此欤！黄庭经曰："肾气经于上焦，营于中焦，卫于下焦。"中和集曰："阖辟呼吸，即玄牝之门，天地之根，所谓阖辟者，非口鼻呼吸，乃真息也。"黄庭经曰："两部肾水对生门（即脐也）。"越人曰："肾间动气者，人之生命。"于斯可见，太极拳养肾间之动气，意义之宏伟也。是故两肾间之动气，非水非火，乃造化之枢纽，阴阳之根蒂，即先天之太极，五行由此而生，脏腑以继而成。非有形质之物，学者宜深思之。

"五行者，一水二火三木四金五土。"据素问运气曰："水之为言润也（阴气濡润任养万物）。火之为言化也（阳在上阴在下火毁然盛而化生万物）。木之为言触也（阳气触动冒地而生）。金之为言禁也（阴气始禁止万物而揪敛）。土之为言吐也（含吐万物将生者出将死者归为万物家）。"

黄庭经曰：北方为黑色，入通于肾，开窍于二阴（大小便），左肾为壬，右肾为癸（壬癸皆水也）。内经四气调神大论篇曰：肾者主蛰，封藏之本，精之处也。受脏腑之精，而藏之也（精亦水也）。因其皆属水，且太高水下，水火不相射，以维持脏腑之平衡，则百病不生，此太极拳之燮理阴阳之理，学者不可不察也。

动气或原气之说，概论于前，现将宗气再说明之。宗气者，为言气之宗主也。此气搏于胸中，混混沌沌，人莫见其端倪，此其体也。及其行也，肺得之而为呼，肾得之而为吸，营得之而营于中，卫得之而卫于外，胸中即膻中（膻中：胸中两乳间曰膻。素问曰：膻中者，臣使之官，喜乐出焉。）膻中之分，父母居之，气之海也。三焦为气之父，故曰宗气出于上焦。营气者，为言营连谷气，入于经隧，达于脏腑，昼夜营周不休，始于肺脏而终于肺脏，以应刻数，故曰营出中集也。又曰：营在脉中（世谓营为血者，非也。营气化而为血耳。中字非中焦之中，乃经隧中脉络中也。难经痹论云：营者水谷之精气，和调于五脏，洒陈于六腑，乃能入于脉也。）卫气者，为言卫护周身，温分肉，肥腠理，不使外邪侵犯也。始于膀胱而终于膀胱，故曰：卫出下焦火。又曰：卫是卫于外，又曰：卫在脉外（此外字亦非纯言乎表，盖言行乎经隧之外也。内经痹论篇曰：卫气者，水谷之悍气，其气慓疾滑利，不能入于脉也。故循皮肤分肉之间，熏于肓膜，散于胸腹，逆其气则病，从其气则愈也。）夫人与天地生生不息者，盖一气之流行尔。是气也，具于身中，名曰：宗气，又曰大气，经营昼夜，无少间断。灵素载之，而后人莫之言也。后人只知有营卫，而不知营卫无宗气，岂能独循于经隧行呼吸，以应息数而温分肉哉？此宗气者，当与营卫并称，以见三焦上、中、下，皆此气而为统宗也。灵枢经五味篇曰：谷始入于胃，其精微者，先出胃之两焦（中、下焦也），以灌五脏，别出两行，营卫之道，其大气之搏而不行者，积于胸中，命曰气海（大气即宗气，气海即膻中。）邪客篇曰：五谷入于胃也，其糟粕（下焦）、津液（中焦）、宗气（上焦）分为三隧，故宗气积于胸中，出于喉咙，以贯心脉，而行呼吸。此出上焦为一隧也。营气者，泌其津液，注之于脉，化以为血，以营四末，内注五脏六腑，以应刻数，此出中焦为一隧也。卫气者（在内有温养五脏六腑之功能，在外有温养肌肉，润泽皮肤，滋养腠理，启闭汗孔等作用），出其悍气之慓疾，而先行四末，分肉、皮肤之间，而不休者也。昼日行于阳，夜行于阴，常从肾脏之分间，行于五脏六腑，此出下焦为一隧也。营卫生会篇黄帝曰："原闻营卫之所行，皆何道从来？"岐伯曰："营出于中焦，卫出于下焦。"卫气篇曰："其浮空之不循经者，为卫气。其精气之行于经者，为营气。"讲明此三气者，自秦越人之后，惟四明马玄堂难经正义考究极工，于宗气则曰：自夫饮食入胃，其精微之气，积于胸中，谓之宗气。宗气会于上焦，即八会之气，会于膻中也。惟此宗气主呼吸，而行脉道。于营气则曰：营气者，乃阴精之气也。即宗气之所统，犹太极之分而为阴也。此气始于肺脏而复会于肺脏，而行昼行夜，十二经之阴阳皆历焉。所谓太阴（即肺脏）主内者此也。于卫气则曰：卫气者，阳精之气也。亦宗气之所统，犹太极之分而为阳。此气始于膀胱脏，而复会于膀胱脏，引灵枢岁露篇曰：卫气一日一夜常大会于风府。风府者，足太阳（即膀胱）督脉阳惟之会，所谓太阳主外者此也。盖营气行阳行阴，主昼夜言，卫气行阴行阳，主阴经阳经言。营气之行于昼者，阳经中有阴经，行于夜者，阴经中有阳经，故行阴行阳，主昼夜言也。卫气则昼必止行于阳（行

三者阳经也），夜必止行于阴（行三阴经也），是阴阳不指昼夜言也。又谓灵枢五十营等篇：言气脉流行，自肺而始，至肝脏而终，循循不已。凡此，非精究经旨，融会脉络，苦心积累不能也。学者须深体会之，方可明其究竟也。

至于太极拳太极功中之气功，端赖呼吸以行之，若不明呼吸之所以然，则运用行功之时，无所适

吴图南（摄于1988年）

从，故深论之。呼吸者，即先天太极之动静，人一身之原气（即两肾间动气）也。有生之初，即有此气，默运于中，流动不息，然后脏腑行所司而行焉！难经曰：肾间动气者，五脏六腑之本，十二经脉之根，呼吸之门，经谓，肺出气出此也，肾纳气纳此也。谓呼在肺而吸在肾者，盖肺高肾下，犹天地。故滑伯仁曰：肺主呼吸天道也（此呼吸乃口鼻之呼吸，指谷气而言也）。肾司阖辟地道也（此阖辟乃真息，指原气而言也）。灵枢经曰：五谷入于胃也，其糟粕、津液分为三隧，故宗气积于胸中，出于喉咙，以贯心脉，而行呼吸（行犹承行）。此指后天谷气而言，谓呼吸资宗气以行饮，谓呼吸属宗气也。何者？人一离母腹时，便有此呼吸，不待于谷气而后有也。虽然，原气使无宗气积而养之，则日馁而瘁，呼吸何赖以行？故平人绝谷七日而死者，以水谷俱尽，脏腑无所充养受气也。然必待七日乃死，未若呼吸绝而

即死之速也。以是，知呼吸者，根于原气，不可须臾离也。宗气如难经一难之义，原气如难经八难之义，原气言体，谷气言用也。滑伯仁曰：三焦始于原气，用于中焦，散于膻中，上焦主内而不出，下焦主出而不内，其内其出皆系中焦之腐熟，用于中焦之为义，其可见矣。

由是可知，宗气者，先天真一之气，流行百脉，贯穿脏腑，所谓气为血帅，血随气行者，即此气也。太极拳之气功之所以能气分阴阳，机先动静者，端赖宗气之锻炼。故宗气既明，内景洞辄，人体一气流行，顺而行之，则百病不生，延年益寿不期然而然，故宗气尚焉。

再就呼吸言之，不论其为胸呼吸、腹呼吸、外呼吸、内呼吸、正呼吸、逆呼吸以及皮肤呼吸等，欲其流畅不窒，舍宗气之充足，无以完成其任务，故宗气之为用亦大矣哉！学者可不加之意乎？

在太极拳气功中，以宗气为主，气能随我所运，渐而达到听我使用之效，故能运能使，方为太极功之目的，否则气功何须锻炼哉？当初练太极拳气功时，并无若何感觉，只觉练习后，身体略感轻快耳。练至相当之时日，则腹内肠胃略有肠鸣，渐至有如龙吟虎啸之势，此时坚持锻炼，持之以恒，则能阴阳分，顺逆明，盈虚消长，渐能掌握，所谓气分阴阳者此也。然后，培其元气，守其中气，保其正气，护其肾气，养其肝气，调其肺气，理其脾气，闭其邪气，勿伤于气，勿逆于气，勿忧思悲怒，以颐其气，开其清气，降其浊气，便气清而平，平而和，和而畅达，能行于筋，串于膜，以至通身灵动，无处不行，无处不到，气至则膜起，气行则膜张，能起能怯，则膜与筋齐坚固矣。然后，自然气由内脏到分肉，由分肉到腠理，由腠理到皮肤，由皮肤到毛细孔。营皮肤呼吸，则能减少肺脏之劳动，所谓太极拳之气能全体发之于毛者，即指此也。然后再能延长出来，通过体表之等电子层和生物电离子层，能使这种气，达到对方之身体（推手时），而且使这种气跟对方之气结合到一起，来指挥对方之呼吸，这就

是我们所说的太极拳的气功。

　　如能加意陶冶，融会贯通，则能内实脏腑，外坚腠理，精满、气充、神全，周流于人体之内外，内维脏腑之平衡，外防六气之侵袭，故能增强体质，推迟衰老，健康长寿。学者果能细心研究之，又能持之以恒，则获益之处，岂浅鲜哉！是为论。

第四篇 理

第一章　吴图南谈太极拳之秘*

50年代初笔者在清华大学读书之余常随先生习太极拳，当时先生只有我一个学生，受益匪浅。先生住在西直门里晓安胡同八号，一个小庭院，一排坐北朝南的平房，大约有五间，先生住了二间，环境安静，古色古香。吴师生前从不称自己的太极拳是吴氏或吴式，他说太极拳只有一派，那就是陈长兴、杨禄禅传下来的太极拳。然而，从吴师的言传身教和笔者切身体会，吴式太极拳，确有其独到之处。为了继承吴图南老师终生倡导的太极拳，我愿就所知奉献于社会，以纪念图南先生。

一、太极拳之秘在于"松八段九节"

吴图南先生曾讲："练功首先要练松劲，要由脚趾、脚腕、膝盖、腰、两肩、上臂、小臂、手腕、手指、脖颈的七个颈椎，除了头颅之外，全要松开。这是太极拳在技击方面发挥威力之秘。"吴师发人非常之轻松。为什么？秘密就在松功。为什么要松？又如何练松功？过去的太极拳宗师是秘不外传，或者说不轻易传授的。松的目的有两个：一个是卫生保健目的；一个是技击目的。保健目的是松以达静，包含思想放松和肌肉放松，以消除精神和身体之疲劳，增进新陈代谢之机能，调节呼吸、血液循环、消化系统，减缓衰老进程，达到健康长寿之目的。这方面，人们是

---
* 此文作于吴图南先生逝世一周年。

比较了解的。然而，松的技击方面却远非人所共知。我们举个例子，如果全身肌肉和各关节非常紧张达到僵死状态，则体内虽然较足了劲，而一点也发不出来。为什么？我们研究一下发劲路线。武禹襄《太极拳论》有"其根在脚，发于腿，主宰于腰，形于手指。"即发力作用于地，由脚而腿而腰，经脊背、两肩、上臂、小臂、而腕而指。身体悬空是发不出力的。脚与地是作用与反作用力。足下踩地要从手指或掌发出，需经过小腿、大腿、腰、背、肩、上臂、小臂、手指等八段，脚腕、膝、胯、腰椎、颈椎、肩关节、肘、手腕、指关节等共九个关节，俗称"八段九节"。每段和每节都是一个力的闸门。所以，在技击时体内之力能发出五成已是很好的功夫，能发出七成就是上乘功夫，发出百分之百的体内之力是不可能的。要想尽可能多地把体内之力释放出来，必须打开全身力的闸门。即松八段九节。关键是如何练松功，太极拳架（套路）是练习松功的基本方法。打太极拳的人都练太极拳套路，然而练法却五花八门，这里指的是劲路。多数人都明显地在体内蓄有劲，这就松不开八段九节。在打太极拳套路时把八段九节松开，不是一件容易的事。往往手松而臂僵，顾手臂两腿僵，顾手足而腰僵，腰僵则僵全身。练习太极拳套路时把八段九节真正松开才可称为着熟，这是学习太极拳的关键。这里要注意，松不是懈。什么是松？什么是懈？松，关节是开的；懈，关节是闭合的。懈是人之自然本能，即从上到下堆为一摊。脖颈懈则垂头，腕懈则垂手，肩懈则垂臂，脊椎懈则弓背，腰懈则身瘫，胯懈则身不正，膝懈则立不稳，脚腕懈则无力。如何能松而不懈是练松功的关键。太极拳走架（也叫盘架子，即练习套路），出手时用指端把手臂领出去，而不是用胳臂把手推出去，出腿时用脚指端把腿领出去；以头领导全身，是所谓"头悬"，也叫"虚领顶劲"，好像头悬挂在空中。这种"端领"是靠意识导引。太极拳为什么练得极缓慢，其道理就在于此。像这样练太极拳套路就难了，然而只有这样练才能练出所谓内劲来，即为体内之力开辟一条畅行无阻之通路，打开所有力之闸门，把力释放出来。用科学的语言讲就是使力的效率最高，而使力在体内遇阻转化为热的内耗最小。太极拳技击所以采取"发"人而不打，其道理就在于此；发人十分轻松，其道理也就在于此。

二、太极拳之慢

技击之道，手慢让手快理所当然。为什么太极拳经典说，太极拳不是手慢让手快。这个道理在科学不发达的古代有点"玄"，难道手慢打手快不成！在科学发达的今天，用科学原理就可以解释了。快与慢是相对而言，有时快能观察清楚事物的变化，有时则相反慢能观察清楚事物的变化。对缓慢变化的过程，例如花的开放，我们用定时拍摄这个缓慢过程，然后用高速放映机放映，就会看清花是怎样开放的。对快速变化的过程，用高速摄像机拍摄，然后用普通的较慢速度播放，我们才会看清瞬息万变的动作过程。武术技击是一个快速运动。有时被对方击或击倒，自己还不知道怎样被击中的。这就是因为对方攻击速度太快没有看清楚。敌我格斗，我方觉得对方无懈可击，这是对方防守动作变化太快我方看不出破绽所致。解决这种问题的办法有两个：一个办法是加快我方的攻击动作；另一个办法是拉长对方的动作。太极拳之慢就是采取了后一种办法。打太极拳很慢，本来长拳几秒钟的动作，太极拳拉长到几分钟。一套太极拳按长拳速度打五分钟，太极拳打一个小时，甚至还要长。这种慢动作就是观察快动作的训练，长期演练就锻炼出一种观察能力，即不管对方招法变化如何之快，我都觉得并不快，其破绽漏洞比比皆是，我看得一清二楚，伸手击之即中。这不仅太极拳高手会有这种感觉，其他拳种或拳击高手都有这样的感觉，所不同的是，他们的练功方法是提高自己动作速度，而太极拳则相反拉长自己的动作以训练洞察力。正如南派太极拳家黄百家所言："自外家至少林其术精矣。张三峰既精于少林，复从而翻之，是名内家。"这里说的内家的练功方法是把外家练法"复从而翻之"，练习方法完全是相反的。太极拳之慢是一大发明。有人会说，我练太极拳几十年也没把对

方快速攻防动作拉长，看得清楚。这是什么原因？吴图南先生说这是意识问题，你不懂这就是太极拳的秘密，你打几十年太极拳，只知道慢而丝毫没有拉长动作之意识，就只起了舒筋活血的作用，而没起观察敏锐的作用，此不足怪。太极拳之慢必须寓观察之意，否则是无效的，练时慢而不觉其慢，用时才快而不觉其快，与人接手从容不迫。

三、太极拳之凌空

吴图南先生说："太极拳接手的时候，大体上分两种接手：一种是两只胳膊跟对方接触，就像一般的打手。如果两个人还没有接触就能够由一方制胜了另一方，就属于太极拳的高级部分，就是凌空。"说起来很玄，怎么没感觉对方的劲？实际上，感觉对方的劲不一定非接触不可，还有视、听和嗅觉，还有一种叫作气感。对气感，现在还未研究清楚，然而科学家们承认其存在，是一种物质，用科学仪器可以测量出。练太极拳可以练出精和气，精是视觉、听觉和嗅觉的高级结合，气是触觉的高级延伸。精气相交（结合）为神。凌空就是以神相接。吴图南先生说，神接就是"离而未发"你即知其将发，他何处欲动你即知其将动。换句话说，是在你没跟对方接触，你已经对他了如指掌了。故你随便到他哪个地方去，都如入无人之境。笔者与吴师接手时，有这样的感觉，即当吴师出手尚未接触我身时我已经感觉有很大的压迫感，身已受制。吴图南先生有一种"美人醉"的功夫，与对方接手并不实际接触对方身体，只击彼之所必防和击彼之所必救。我则摇摇晃晃如美人之醉，故称之为"美人醉"。如何练凌空功夫呢？打太极拳时仅松八段九节和内视动作还不够，还要在一个动作的尽头诱导发气，如搂膝拗步，当手向前伸出到尽头时要有一个诱导发气的意念。吴式太极拳在一个姿式的定处，掌心有一个向外凸和伸指的动作，就是诱导发气之意。这样习而久之，就会有气感，不但手有，足有，头顶也有。但是，一定注意这是太极拳之气，并非吐纳术（呼吸）之气，更不能用练硬气功的办法把

"气"往身体的某一部分憋（运气）。这会练出毛病的。凌空功夫是懂劲的高级阶段。初学时要以松功为主，在松开八段九节的基础之上再练凌空。太极拳由着熟而懂劲，由懂劲而阶级神明，必须循序渐进，才有所成。

四、太极拳之应物自然

"应物自然"这个词不容易理解，它的意思是对待物质的东西要顺其自然。太极拳经典用了"舍己从人"这个词，意思是相同的。对此，有许多牵强附会的解释，例如有人解释为武德云云，这是不正确的。应物自然是讲客观规律的。太极拳是一种客观规律，这就是"复从而翻之是名内家，得其一二者已足胜少林"。是把外家少林拳给翻过来了，即把"有力打无力，手慢让手快。壮欺弱，老让少"翻过来习练。吴师提出太极拳的四条标准：第一不使拙力；第二以静制动；第三以柔克刚；第四以弱胜强。任何人都可以用这四条比较一下，看看符合了几条。如何才能做到？太极拳诀有句话叫"入吾壳中"。吴图南先生说："不管敌手怎么来，要紧的是引导他合乎咱们的规律，就是敌人任其有千变万化，都不能离开咱们的太极拳原理。"如果对方是摔跤的，你也跟着摔起跤来，那你的太极拳就不高明，而应让他跟着你打太极拳。这说起来容易，做到实难。怎样做？这就是太极拳原理的"沾连粘随"。吴师说："沾连粘随，不丢顶之道也。"少林拳讲丢得开和顶得住，太极拳则相反讲求不丢不顶。沾连粘随就是不管对方是什么拳种，只要与我搭上手，就摆脱不了我，被迫跟着太极拳的路子走。沾，是指接对方的手，太极拳接手如膏药粘在对方身上，不似少林拳的格、碰、撞、砸把对方攻来之手（拳）足（腿）迎击回去。连，打人一拳或击人一拳，如果打空，必然迅速撤回，这是最好的回击时机，然而许多人由于进攻意识不强，听任对方撤回做第二次进攻而没有及时反应，连续进攻的意识谓之连，是封住对方不使其有再次进攻的机会。随，是发之意，我封住对方，对方必撤步或身向后卸或以腰为轴转动，千方百计摆

脱，这是我发敌的最好时机，随即发。吴师用三句话概括了沾连粘随，即"敌欲变而不得其变，敌欲攻而不得逞，敌欲逃而不得脱，斯为上乘。"目前太极拳推手比赛，丢和顶都很严重。丢因脱离对抗而不为人注意，而顶的问题令人慨叹，双方相顶有如笨汉角力。中国武术本以洒脱、干净、利索为特点，太极拳亦然，这是一种美学。为什么会发生顶？除有比赛规则方面的问题外，主要是推手水平问题。如果双方水平相差悬殊，这时强的一方可以随心所欲，充分发挥推手技能。然而，双方实力相当时，情况就不同了，双方都在找对方的劲（力学上叫做力点或着力点）。比如对手双方按住我的手臂，在双方实力相当的情况下，如果我想卸劲，对方必然随即跟进，我再反劲已来不及，很可能被发出或按出，所以我必须用相当的力量顶住对方。如果对方想改变劲路的方向，我当然也要改变劲路方向，跟着他。这就造成顶。这是否背离了"不丢顶"的原则？顶会发生在不同的水平层次上。低级的是死顶，即双方都不懂劲，听不出，化不开，发不出，顶起牛来，最终是谁力气大把另一方顶出去。中级水平是双方都有一定的听劲、化劲和发劲基础，如果一方稍有不慎就可能被闪出或发出，所以双方都不敢死顶也不敢稍卸。高级是双方都懂劲，互找对方的劲路变化，截断对方的劲，这时双方都极慎重，不轻易发劲也不轻易后退，这是功夫的较量，最后是技术、智力、耐力的某一方面高于对手而取胜。吴师说还有凌空的上乘功夫，即双方在未接触之前就决定了胜负，是精和气之较量。可叹，上乘之技今属谁哉！

五、太极拳之虚实

吴图南先生说："虚实是中国兵法上的名称。虚实的含义是：亦虚亦实，虚中寓实，实中寓虚，非虚非实。这些是运用之妙，存乎一心。"太极拳经典中"仰之则弥高，俯之而弥深"的话取之《论语》，子曰："仰之弥高，钻之弥坚，瞻之在前，呼焉在后。"此语可解释为"高不可仰，坚不可钻，瞻前顾后"，是用孔夫子的话比喻虚实，是虚实相对的两个方面运用之妙。太极拳以虚引实谓之"入壳"；彼实我虚谓之"化"；以实击虚谓之"乘"；以实击实谓之"顶"；双虚谓之"丢"。个中奥妙，读者自悟。吴师引用孙子兵法解释攻防虚实运用之妙，孙武子十三篇说："故我欲战，敌虽高垒深沟，不得不与我战，攻其所必救也。我不欲战，画地而守之，守其所不攻也。微乎微乎，至于无形。神乎神乎，至于无声。故能为敌司命；故能自保而全胜也。"虚实是攻防战略战术之运用。太极拳以静制动、以柔克刚、以弱胜强是虚实运用之妙的结局。虚实之运用说明太极拳在技击中不应教条地处理招势和劲路。如敌强我弱，敌攻势猛而功底深厚，我应避其锋，守其所不攻，即转移到他攻击不到的地方去。例如，敌正面右手直拳猛击我胸部，我则转到敌右臂之外侧，这样敌左右双手都处于"不攻"的地位，即攻不到我身上。又如我强敌弱，敌采取守势，我应攻其所必救。例如敌采取虚晃动作而不攻，我不为所惑，出手直按其前胸，他就不能再搞虚假动作而必自救了。虚实之妙用无非是两个方面，即"为敌司命"和"自保而全胜"。

六、太极拳与长寿

《庄子·盗跖》曰："上寿百岁，中寿八十，下寿五十。"吴图南先生享年百零伍岁，可谓上寿。然而近代太极拳宗师并非都是长寿，如陈长兴寿82岁（1771—1853），杨禄禅73岁（1799—1872），吴全佑68岁（1834—1902），杨班侯55岁（1837—1892），杨健侯78岁，杨少侯68岁（1883—1936），杨澄甫53岁（1883—1936），吴鉴泉72岁（1870—1942）。除陈长兴为中寿外，余皆为下寿。是否太极拳无助于长寿？对此，吴图南先生解释为追求目标不同。他说："我们研究太极拳的人认为技艺乃其余事耳"，就是技击是太极拳的附属。太极拳的发明人是以养生长寿为主要目标，而以技击为辅的。一些太极拳大师由于当时的历史和社会环境不得不本末倒置，以技击为主，这是与养生长寿相悖的。吴师说：长寿是一个综合养生的效果，它包含：工作、

修养、饮食、体育运动、环境等等。无疑，太极拳是一项很好的养生体育运动。太极拳是吴图南先生终生倡导的，虽然他并不以教授太极拳为职业，而是一位考古学家和历史学家，但是，渊博的考古学和历史学知识帮助他研究太极拳，达到了非常深入的境界，成为武术界公认的太极拳家。虽然吴老技击造诣很高，但从不认为太极拳是斗狠好勇之术，而极力主张体育运动和自卫保健。

第二章　吴图南讲《十字诀》*

小架子这东西，是原来太极拳里边对外不传的东西。它是怎么回事呢？杨禄禅先生和杨班侯先生这爷俩经常研究招功、劲功、松功、气功，它属于招功。每个动作，轻灵奇巧，中正圆活而自然地把对方制伏住。而且需要他跌他就跌，需要他倒他就倒，需要控制他僵持在一个地方他就僵持。这东西在杨家，不是杨澄甫传的。我是他兄弟杨少侯教的，简称用架，每个姿势都是用。少侯看到我，很高兴。因为我听话，我认真练。但是，这个东西很用腰，用腿，没有好的腰腿，不容易练好看。往往练出来像猴拳，那就没意思了。它在这里看出意识形态来，看出你的用意，看出你所用的招法的精神灌注，都在里头。所以，这个套路终就外面没有传出来。我们和少侯一块儿练的同学，也都没有教他们，像尤志学、马润芝、东润方，都没教给他们。

小架子的动作快，不能一快就像耍猴似的，不快又何必要小架子呢？另一方面它姿势低，姿势都擦着地。但是，你要选择人教。因为技术这个东西，自己本身要留点本钱，如果你告诉了他，就像"太阿剑"倒持。太阿剑很好，你把剑把给了人，人家拿去了要杀你。技术也是这个情况，这不算保守，无论什么科学都要保密的。否则，你白费工夫，白费时间。你白费工夫，他也没学着。《太极拳论》说："枉费功夫自叹息"，乱七八糟的东西，

---

* 根据 1983 年 2 月 9 日吴图南录音整理。

以讹传讹,不知传出什么样子。小架子是268个动作,就是两分半钟练完,差不多一秒钟两三个动作。这个拳是用,处处都是用。分两个问题:一个是近距离的感觉;一个是远距离的感觉。远距离的感觉就是把我们的感

60年代之吴图南

觉放出去。什么东西?叫生物电。生物电是个使用的东西,是微波,碰到阻力就回来。我们本身的电在细胞里,经过相当时间的锻炼,使骨骼、关节、肌肉生物电离子能传到外面。原来没有科学名词,定名"凌空"。这个意思敌人"离而未发",即能制其僵化。敌何处一动,即知其将要动。所以这时说"知彼知己",兵法说:"知彼知己,百战不殆"。但这里还有一个原则,百战百胜,不是善之善者;不战而欺人之兵,乃是善之善者。因为你打一仗,杀人一千,你也要死一百。但是,你威力出去使他不敢跟你抵抗,这才是全胜。对不对?我们要合古代兵法,合现代科学。就是说,我们身体有势有形。我们势一动,他就怵然而恐,那就不必用"形"啦。是不是这样?他一看我们动作敏捷、轻灵、奇巧,心里发恐,那他就不用打了,就罢了。这就是小架子的特点。那么,杨禄禅、杨班侯、杨少侯,这几位老前辈能到北京来,那时各种拳派不少,都尊他们为老师,就因为这套架子。这套架子是很宝贵的,它的内容很多:如何能养出"威"来?如何能作出这个"势"来?如何能作出这个"形"?"势"最要紧。这"势"怎么讲呢?开始功夫讲,却是"势"也。强弱是"形"也。兵法上说:"鸷鸟之疾,至于毁折者,节也。"大鹰在半空上面飞,要捉兔子,兔子在下推敲鹰在哪?往前跑两步,一瞧,鸷鸟还在

上面，这就是"势"。至于"毁折者，节也"，看到机会，"刷"一下下来，这时要节，敏捷。"其势险，其节短"。要能做到险、短。战争，最好是不发。因此，要有势，一哆嗦就成了。不战而屈人之兵。这就是小架子简单的内容。距离感，凌空劲，其势险，其节短。

《十字诀》是：准、是、稳、脆、真、恰、巧、变、改、整。

第一得准，对不对？跟照相一样，调半天，没把它调到镜子里头，不是瞎照吗！要准，这一卷下来，不要有废料。

第二个是，是不是的"是"。

第三不能慌，要稳。

第四，稳容易"肉"，不能肉，要脆。

第五真的，这里有假的，比如推手，有人说假的。假的，你推呀！

第六个字"恰"，要恰如其分，比如这一手打华盖穴，去了一找，正是华盖穴；说是三里穴，到这，正是三里穴；说环跳，正是环跳；说是大龟，正是大龟。恰如其分！不要过了，不要不及。

第七要巧，一事有一巧一拙。你要用这个巧，不要用这拙，要很巧妙的。引进落空么，合即出。甭管他使什么，你把他引进来。因为打人么，得到这儿，才有劲。他粘到这，引进来，在这窝着，他使不上劲，是不是？

第八变，随他而变化，我来变化，没有定法，没有成式。

第九改，当时觉得不对，马上就改，这样才不会失败。

最后是整体对他一部分，就是以己之全对他的一部分。（有人问："酥"是怎么回事？）

那个酥，指推手时候，你知道问题在哪儿？最好你像拿一个酥烧饼似的，一拿，咔嚓一下，它就没了。这个时间很脆，也很短。酥最难做，眼看他得到便宜，就没有了。

等，是让他迅雷不及掩耳。他没悟过来呢，你已经到了。

弹，全身碰到哪儿，哪儿弹。就跟这墙一样，你躺在那儿，

吴图南推手

一按，身一软就起来了。

　　松，不等于懈，松是有线拉着呢，不是懈，懈就瘫了。松是整个的，摸到哪儿，全是松的。这柔是局部的，你推到我那儿，一转就没了。松，那都是松。柔和软不一样，软是没目的啦！

第三章　吴图南论剑*

先师吴图南先生离开我们整整12年（2001年）了，1989年1月8日，先生病逝，享年百有五岁。说起来这是一次医疗事故。当时先生偶患腹泻，然而大夫给的药吃了，泻得更厉害了。人看着就不成了，大夫吓坏了，长寿老人是国宝啊！可是图南先生却安慰大夫说："哪个大夫门前没有屈死鬼呀！人不能与天争寿。"先生对生与死是如此豁达。先生逝世一周年时，我写了《吴图南大师谈太极拳之秘》的纪念文章，此当12周年之际，再写先生论剑，以示纪念。笔者根据回忆，采取问答形式，记述吴图南先生生前对剑术的论述。

于志钧：中国剑术是从什么时候出现的？

吴图南：据史料记载，黄帝采首山之铜以铸剑。这样算来，剑在中国大约有五千年的历史了。不过出土最早的青铜剑是夏代的，也有四千年的历史了。至于剑术，是不是能说有剑就有"剑术"，这有不同的观点。如果说使用剑就是"剑术"，那就"有剑时就有术"。然而，我不这样看，"术"之一词含"技"与"理"，"剑术"应该包含使用剑的方法和理论两个方面的内容。按这样的观点，剑术的出现应该更晚一点，它总结了一段时间使用剑的经验，上升为剑法的理论。《吴越春秋·勾践阴谋外传》记载《越女剑法》就是很完整的剑术理论之作了，距今约有二千五百年了。

---

* 此文作于2001年，距吴图南先生1989年去世12年。

这是见之文字的最早最完整的剑术理论了。

于志钧： 1934年，您写《太极剑》一书，序中有"横磨成师"，这含义是什么？

吴图南： 1928年成立中央国术馆，我被聘任文科教授，因为我文化程度最高，擅长国术的许多流派，又是摔跤好手，弓箭好手——这是我们蒙古族的看家本领。当时有一位东渡日本学过日本刺枪术的，叫唐豪，任编审处长。时值日本侵略中国，国难当头。1931年"九一八"事变，日本占领中国东三省；1932年，日本调兵遣将攻打上海，十九路军奋起抗击；1933年，二十九军在长城内外抗击日寇。就在这个时候，国内刮起一片"亡国"的论调，唐豪也加入了这个行列。唐豪于1935年在《太极拳根源》一文中说："决不将十九路军抗日大刀，满足地以为曾经杀胜过敌人而自豪。"他又说："……此真将亡的现象，吾复何言。"实际上，唐豪是崇拜欧美日本的武技的，陈家沟陈氏炮捶在唐豪心目中也不是什么好拳法。我在《太极剑》一书的自序中写的"横磨成师，大刀有队"，就是驳斥唐豪之流的。大刀和宝剑的刃都是横磨的；"横磨成师"指当时中国军队的大刀队。

于志钧： 太极剑法的套路能用于战场杀敌吗？

吴图南： 剑术套路是实战招法编在一起构成的，它的作用有三个：一是本门精华招法的贮藏库；二是练习手、眼、身法、步；三是练习功力。套路中的招法要单独反复操练，叫"单操"，单操须二人对抗实战演练，有危险性，仅练套路是不成的。

于志钧： 那么，不练套路不成吗？西方击剑，不是没有套路吗？都说套路是花架子，不实用。

吴图南： 剑术套路有的好，有的不那么好，差别很大。好的套路里包含有非常好的招法，它是古人用血的代价换来的，不是一代人能悟出来的，这叫"传承"。中华武术必须有传承，所以必须练套路。这里指优秀的传统剑术套路。西方击剑，因为没有套路，所以谈不上传统，反复练的就是简单的几下，把人训练成机械。这里，西汉刘向《鲁石公剑》讲得最清楚了："感则能应，迫则能剑。"显然把对抗双方视为一体，这是"天人合一"的整体观。西方是打散剑，你一剑，我一剑，格来刺去。

于志钧：剑有"三锋四刃"是什么意思？

吴图南："三锋四刃"，实质上是"七刃"。所谓"三锋"，指剑尖部分，其长约三寸（自剑尖起始），剑的最尖端不是尖的，乃是圆的刃，尖的两侧有斜刃，故曰"三锋"。剑身分三段，故曰"三段昆吾"。三段前段为剑锋；中段为剑锋之后有刃段，刃长约一尺六寸；中段又分前后两节，前节长约六寸，后节长约一尺，每节上下两刃，故曰"四刃"；后段为近护手处的无刃段，长约四寸。剑身之所以这样分，因为它们各有用法。

于志钧：请讲讲"七刃"的用法？

吴图南：我从剑锋开始讲。剑尖用于刺、扎、点，刺是剑术的主要剑法，称剑之魂；剑锋的上下两刃用于豁；中段之前部下刃用于剪、劈、撩、抹，上刃用于钩、挑、截；中段之后部下刃用于砍、斩，上刃用于钩抹（加大钩抹力度和长度）。有些剑法是用了两部分，如云剑横拉，用了整个剑身中段；无刃段用于格斗，如碰或撞。

于志钧：剑的血槽在哪儿？

吴图南：剑属轻短兵器，靠刃之锋利杀伤敌人，故剑身制造得轻而槽。于是剑身制造成中厚（称剑脊），两边呈凹面，剑脊两侧形成凹面血槽。

于志钧：您写《太极剑》一书，为什么以枪术为对抗参照？

吴图南：为对抗日本之刺枪术。

于志钧：剑作为战场上的作战兵器，在汉代就退出历史舞台为刀所替代，抗日时期，战场上剑有何用处？

吴图南：自古刀剑相通，剑术的大部方法都可用于刀。我著《太极剑》尚有保存中华传统艺术的意义，不单纯为了厮杀比拼。

于志钧：如何练习剑法单操？

吴图南：单操是剑法基础。以砍为例，有平砍、立砍、顺砍、横砍、倒砍、斜砍、上砍、下砍、左砍、右砍、进砍、退

砍、翻身砍。砍乃劈之重者，力达剑的整个中段下刃；砍出去，势不可挡。一种剑法，单独操练，每练至少十分钟，认真做下来，大汗淋漓。练刺十分钟下来，大约刺600次，如此进步刺、退步刺、原地刺，需刺1800次，需时半小时。十几种剑法，连续练下来，需要五六个小时，运动量极大，故为减少运动量，每日以练2—3种剑法为度。

于志钧：剑术，您要我们左右手都练，为什么？

吴图南：剑术（指单剑），正常重量一斤半，单手操剑，久之成劳，为两臂正常发育，必须换手操练，即右手练累了，左手持剑，再练左把（手）剑，以保持运动的均衡。左手剑攻击对手常具更大的威胁力，直捣对方空门（右手剑里侧）。

于志钧：太极剑法处处是圈？

吴图南：此话对也不对。说他对，剑的许多招法路线是弧形的，如劈、砍、撩、挑等等；然而，二人对搏，又要求剑循最短的路线攻击敌人，直线最短，剑的目标是对手，应直奔目标，不应大迂回。战场上对大阵，敌强我弱的情况下，避实击虚，剑走弧形也是必要的。

于志钧：剑术是否也如拳术，讲求化劲？

吴图南：剑是轻短兵器，靠刃之锋利杀伤对手，剑是不能用身体相触的，这和拳有本质区别，故有"出青入红"之说。即剑不以攻击对方的剑为目的，目标是杀伤彼之躯体，攻击要害，防守多以攻为守，避免与对方兵器接触，故"化劲"不似推手那样重要。剑法与枪法又不同了，枪属长兵器，周旋相对困难，故不讲轻灵，讲求一枪决胜负，虚招较少。长枪出手常用枪杆压制对手，接触较多，故攻防中讲求"借人之力，顺人之势"。

于志钧：那"太极粘剑"又是何意？

吴图南：这就是太极剑法与其他剑法不同之处了。"剑是手臂之延伸"，这有片面的道理，剑身是没有知觉的，与对方剑器相接，靠力的传递感觉之。粘剑是我剑与彼剑相接触，搭住彼剑，不使脱离，感觉其变化，寻找攻击的机会。这有一套练习方法，我讲四个字，你就明白了，曰"粘随滑脱"。

于志钧：剑法有什么用途？

吴图南：剑法是对抗厮杀总结的精华，它是练习剑术的方法和应用方法，但使用时不能墨守成规，"因敌变化示神奇"。古人说："教剑者有法，及其能剑，忘其法并忘其剑矣。"又说："未忘法而用剑者，临战斗而死于剑。"学习剑术无法，不得其门而入，用剑又不能拘于所学的剑法，因为对手是不按你学的剑法攻击你的。

于志钧：何为"晕剑"？如何克服？

吴图南：有些人乘火车或汽车，晕车，呕吐，恶心。晕剑是同样道理，看见明晃晃的宝剑，骇怕，尤其对方拿着剑在你面前晃来晃去。西方的警探，手枪玩得很溜，子弹在枪膛中倒来倒去，外行人看了就害怕走火，这是晕枪。剑术也是一样，二人持剑对搏，手持真家伙，碰上，轻则受伤，重则丧命，见了也心里发毛，这是晕剑。学习剑术，必须克服晕剑心理。如何克服晕剑？一是多玩剑，抛来扔去，接来接去，剑在匣中，一秒钟就能出匣、击敌、中的；二是练习准确性，出手干净利索，自信；三是经常搏击，取得实战经验，闭门造车是不成的。

于志钧：您在《太极剑》一书中曾说"以慢胜快"，实在费解。

吴图南：持剑搏斗，是否快必胜，慢必败，不能定论。快易过，就是过了头，回旋余地小。太极剑法就抓住快的这个弱点，对方疾刺过来，我稍侧身让过，信手出剑，彼冲力难撤，必被杀伤，故曰"慢胜快"。明俞大猷有《剑经》歌诀四句："刚在他力先，柔在他力后；彼忙我静待，知拍任君斗。"彼离我较远，不足以威胁我，无论他怎样忙乱，气势汹汹，都不要理他，掌握他的攻击节奏，则随便杀伤他。切忌彼忙我也忙，乱杀乱砍一通。这就是庄子《说剑》中说的"示之以虚，开之以利，后之以发，先之以至。"后发制人。

于志钧：何谓"身剑合一"？

吴图南：剑术水平有三乘：下乘曰"见剑不见人"；中乘曰

"见人不见剑";上乘曰"人剑都不见"。下乘剑术,两只眼睛盯住对方的剑,视剑如虎,磕之、格之、碰之、撞之,曰"千斤难买一声响",随着响声,胜负定矣。中乘剑术,"追形逐影",追击其身,不触其剑,曰"出青入红"。上乘剑术,"如影如响",剑像影子一般跟随着你,像声音一样无孔不入。身剑合一就是剑术之上乘,《鲁石公剑》曰:"追则能应,感则能剑,询穆无穷,变无形象,复柔委从,如影如响。"双方比拼,成为感应。对方一剑刺来,我剑出身随,全由剑的动作带动全身,剑一出手,身体相随,自然避开彼剑,彼则身首异处矣。

于志钧:可否试之?

吴图南:可以。*

于志钧:常闻某某剑术高超,神乎其神,如何鉴其真伪?

吴图南:剑术高超,第一要有"径",即练习的方法,昔王征南把"径"列为内家拳五字之首;第二要"验",即二人对搏,真能表现出杀伤效果。无径不验,皆江湖术士,"口技"也。

于志钧:如何看待流派中剑法的绝技?

吴图南:剑术各流派都有自己的看家本领,可谓"绝技",但又都不是绝技,技怎么能说"绝"了呢!山外有山,天外有天。技之纯熟成绝,例如刺之一法,习剑者人人都会,然而,我之一刺与彼之一刺大相径庭;彼术高我术低,我被刺,反之彼被我刺;非快慢先后之差,乃制人与制于人之别。此时,刺也是绝技。

于志钧:您能把上乘剑术描述一下吗?

吴图南:上乘剑术可以从法、理、德、义、统五个方面描述。

法。剑作为一门艺术,是具体的,摸得着,看得见,打得着。我借用《吴越春秋·勾践阴谋外传》对越女剑的描写:"凡手战之道,内实精神,外示安仪,见之似好妇,夺之似惧虎,布形候气,与神俱往,杳之若日,偏如腾兔,追形逐影,光若佛仿,

---

* 笔者从图南公司剑时,无论笔者劈、刺、扎、斩、砍、抹、钩、点,屡试不能及其身,剑剑皆空,师剑则环绕颈项,不得脱。

吴图南先生练剑

呼吸往来，不及法禁，纵横逆顺，直复不闻。斯道者一人当百，百人当万。"

理。我仍用越女剑之描写："其道甚微而易，其意甚幽而深。道有门户，亦有阴阳。开门闭户，阴衰阳兴。"

这几句话，把剑理说得非常明白，剑术之理，无非门户和阴阳而已。开门闭户乃开合，阴衰阳兴乃一暗一明，剑理归宗仅"开合明暗"四字。能悟得此理，剑术备矣。阴阳为太极，可见越女剑法即为太极剑法。是故，太极剑法可上溯2500年前的春秋时期。

德。德者不欺也。不欺老者、长者、弱者、幼者、病者、残者、妇女。不欺有两重意思，一不欺负人；二不轻视人。

义。正义之剑。昔庄子见赵文王，说："臣有三剑"，曰："有天子剑，有诸侯剑，有庶人剑。"他说："……开以阴阳，持以春秋，行以秋冬。此剑，直之无前，举之无上，案之无下，运之无旁，上决浮云，下绝地纪。此剑一用，匡诸侯，天下服矣。此天子之剑也。"又说："庶人之剑，蓬头突鬓垂冠，曼胡之缨，短厚之衣，瞋目而语难。相击于前，上斩颈领，下决肝肺。此庶人之剑，无异斗鸡，一旦命已绝矣，无所用于国事。"今天，常有一些血气方刚、好勇斗狠者，即"庶人之剑"，不足以服人；王者之师，正义之剑，服人而不压人。

统，即传统。剑术的传统就是传承，有师祖师父，代代相承。中国的传统艺术都是先求继承，后求发展的，寻根求源，不失传统。有人东蹿西跳，自编一套，以为"天下第一"，实为坐井观天。没有传承，不成剑术。优秀的剑术是古人厮杀于世、修炼于山，用生命和鲜血总结的剑术精华，有千百年的传承积累，始得其术。剑之为术，学与不学，有传承与无传承，是大不相同的。自编自演，东拼西凑，误己害人，不应提倡。

于志钧：您在《太极剑》一书中说："详考是剑，创自元之张三丰先生"，请详细谈一谈。

吴图南：太极剑又名"武当乾坤剑"，是武当山张三丰所创。张三丰是太极拳之集大成者，在清末民初，本无异议。话又说到唐豪身上，他说："张三丰不会武术"，唐早殇，他的话无足轻重。然而，张三丰是武当丹士，解放后，道士被取缔，道教被视为"迷信"，张三丰当然是被取缔之列，事情性质就变了，就不是张三丰会不会武术的问题了。中国的剑术发展不是一个短的历史过程。《周礼·考工记》谓："剑，古兵器名，两刃而有脊，自脊至刃谓之腊，或谓之锷。刃以下与柄分隔者，谓之首。首以下把握之处，谓之茎。茎端施环，曰镡。"盖以人事演进，剑之形状亦因时为转移，以至今。《太极拳论》曰："太极者，无极而生，动静之机，阴阳之母也。"用太极之理指导剑术的文字记载，早见于东汉赵晔《吴越春秋》。张三丰集剑术之大成。张三丰在元明时期诗词散文《云水集》，在永乐时收入《永乐大典》，嘉靖中单刊，清汪梦九于康熙五十九年得之扬州书肆，中有《三十二岁北游》诗："幽冀重来感慨志，乌纱改作道人装；明朝佩剑携琴去，却上西山望太行。"又作《悠悠歌》："悠悠歌，悠悠歌，四十八岁空销磨，人生寿命能几何？株守恒山十八载，燕赵往来成逝波。倒不如携琴剑，整笠蓑，东走蓬莱唱道歌。"张三丰携琴带剑，一笠一衲，历深山，涉恶水，步栈道，越剑阁，三上峨眉，下蓬莱，往来赵燕，云游终生，传艺武当。携剑何用？他创内家剑术，有大量史料为证。所以我说，"详考是剑，创自元之张三丰先生"。为何说元而不说宋或明？因为张三丰的活动时期大部分在元代。

第四章　吴图南论太极

1983—1988年六年间，笔者（于志钧）与吴图南先生就太极拳和其他武术交谈过若干次，其中有的非常重要，贡献如下：

于志钧：武侠小说中有旱地拔葱、高来高去、陆地飞行术的功夫，真有这样的功夫吗？

吴图南：有！

于志钧：怎么样？您能说说吗！

吴图南：你看到这城墙吗！（当时吴老住在西直门里城墙根下，吴老指着城墙说）二丈四尺高，飞贼一抬腿就能上去！民国初有个飞贼叫"燕子李三"，住在前门箭楼里，三丈（10米）高，一纵身就上去。这个功夫失传了。

于志钧：听说杨少侯师爷善打"凌空劲"，能隔空打人！是真的吗？

吴图南：兵法有云："其节短，其势险，威也！"凌空劲就是"威"。攻其所必救！你试试，我打你所必救，你无动于衷，就打上了。我打你这儿，打你那儿，处处都是要害；你就躲来躲去，东倒西歪！这叫"美人醉"，像杨贵妃醉酒一样。你少侯师爷出手见红是有名的，一般人不敢接他。威也！这种势，确实能打得你气背过去或飞出去。打这种东西，一定注意要能收住，不然会出人命。

人的对外接触有三种：物理接触、心理接触和气场接触。这三种接触都可以打击对方，它们既独立又相互依存。物理接触是身体接触。心理接触是意念，就是身体没接触之前，意念（思想）已经接触了。例如，在与对方没搭手前，我思想就已经把对方的手脚控制了。太极拳用意不用力，讲的就是这个层次。力是物理层次的；意是心理层次的。气场接触是更高层次的了，那就是神明了。

于志钧：唐代公孙大娘舞"剑器"。有舞蹈家说："剑器"是一种流传在西域的舞蹈，叫"西河剑器"，今天还有人跳这种舞。到底公孙大娘舞的是什么？

吴图南：这都出在杜甫的一首诗《观公孙大娘弟子舞剑器行》，内有"昔有佳人公孙氏，一舞剑器动四方。观者如山色沮丧，天地为之久低昂。㸌如羿射九日落，矫如群帝骖龙翔；来如雷霆收震怒，罢如江海凝青光。"公孙氏手中显然握剑，毋庸置疑。至于怎样舞？我倒认为是"飞剑"，飞剑在当时是很盛行的。有记载，唐代大画家吴道子欲图壁，请来剑术大家裴旻。"旻于是脱去缞服，若常时妆饰。走马如飞，左旋右抽，掷剑入云，高

于志钧弟子张秀敏掷剑树梢头（1998年）

掷匕首（10米高空）

数十丈，若电光下射。旻引手执鞘承之，剑透空而下。观者数千人，无不怵栗！"

于志钧： 为什么说"明出拳，暗出腿"？

吴图南： 太极拳有七个腿，叫：左右分脚、转身蹬脚、二起脚、撇身踢脚、翻身蹬脚、摆莲脚。起脚就剩一条腿着地，两条腿还站不稳，何况一条腿？所以叫"起脚半边空"！太极拳要求腿不过腰。太极拳的腿都是偷着踢！明着出手，让你看见；腿藏在手底下，不让你看到。接手，腿就踢上了。

出手搭住对方，不让他出脚；他一抬腿，就给他点劲，他站不住，就得把腿放下，脚永远起不来！

于志钧： 为什么说"进生退死"？

吴图南： 中国人通常中等身材一米七八的样子，腿长三尺三。踢人的空间不能小于二尺；也不能远了，离人超过三尺，就踢不着了。所以离对方二尺到三尺是最危险的距离。当对方到达这个距离之内，一抬腿，你要迅速前进到他二尺以内，他腿就起不来，没法踢你。如果你跑，正好给他留下踢你的空间，追着你踢起没完！所以说"进生退死"。

于志钧： 听说白莲教有个"鬼剑"，真有吗？

吴图南： 白莲教是晚清时兴起的一个民间武装教派，与官府对抗。官府称之为"教匪"，里面潜藏有不少顶尖的武术大家，称白莲教派。因为官军对白莲教残酷剿杀，使白莲教武功特点非常刁钻、诡异、狠毒。白莲教派有一种剑法叫做"鬼剑"，也叫"脑后风"，就是打起来你会觉得脑后有一股冷风，总有一把剑跟在你脖子后面。你前后左右都跑不了，只有立马向前摔倒才能躲过一劫！如果对方不想杀你，就给你剃个光头，叫"鬼剃头"。现在鬼剑失传了！

于志钧： 黄百家在《王征南先生传》中说："张三峰既精于少林，复从而翻之，是名内家，得其一二者已足胜少林矣。"真的如此吗？

吴图南： 这里你忽略"精于少林"这个前提，张三峰精于少林。试问今天练太极拳的,有几位精少林拳的!不懂少林拳,练几天太极拳就想打败少林拳,有这种事吗?黄百家这段话是说:张三峰创造了一套克制少林拳的武当内家拳法,方法就是与少林拳相反。这是中国武术划时代的创举!

于志钧:太极功与太极拳有什么区别?

吴图南:拳谚有云:"练拳不练功,到头一场空!"拳是技击方法;功是拳的基础。拳为用,功为本;拳为外,功为内。你跟人家搏击,打的是方法,就是"招法"。招法很好,可是打在人身上,人家纹丝未动。这叫没功夫。换了一个人,用同样的招法,却把他打飞了!这叫有功夫。

于志钧:许宣平《心会论》说:"地心为第三主宰",许多人说,这句话错了,应该是"心为第三主宰"。是吗?

吴图南:这是大小周天的认识区别。古人把大脑思维定义为"心",这是"小周天",其边界是人体。

许宣平的三世七太极功原理是建立在"大周天"之上的。人顶天立地,在天地之中,曰"三才"即"天、地、人"。三世七把人放在天地之间,这是太极学说的基本思想。其理论来源是《易经》,易曰:"易有太极,是生两仪,两仪生四象,四象生八卦,天地生万物。"万物,包含人,都在天地之间。人无地则无以存;无天则无以生。顶天立地才得以生存。地心是万有引力之源,所以说"地心"是主宰。人的力量是从哪里来的?曰"地心",或简称曰"地"。人站在地上,脚掌作用于地,地反作用于人体,形成力量。所以太极拳讲求"松沉",不是脚蹬地而是相反,全身松沉于地,如此力才通过身体即所谓"由脚而腿而身而手臂,形于手指",作用到对方身上。如果用脚蹬地,其结果是自己身躯离地,自断其根,没有不失败的!

于志钧:什么是"松"?什么是"沉"?

吴图南:松沉是一个事物的两个表现,人体松下来才能沉下去。在技击上,我身体任何地方接触对方,如果紧巴巴的,那你就没有一点力量作用到对方身上。只有松下来才能有力作用对方

身上。作用到对方身上的力才叫"劲"。你只有松下来才能沉下去，只有沉下去才能把对方打起来，打出去！

于志钧：怎么才能松呢？

吴图南：有人误解，认为手脚轻就是松。错了！这是紧。为什么你觉得手轻、脚轻？因为你用力拎着手脚呢！手脚都不灵活，发皱。真松开了，你的手脚是沉甸甸的，因为你身体有重量么。你不用力拎着，它就沉么。这时你才灵活自如！

于志钧：您在《十字诀》中说"捷"，不说"快"。这与兵法"兵贵神速"不是矛盾吗？

吴图南："捷"是孙子兵法中的话，说"鸷鸟之疾，捷也；其势险，其节短，威也！"鸷鸟就是鹰，疾是快。说老鹰抓兔子，怎么才快？"捷"也。捷是达到目的地的路径，不是为快而快。对阵双方，追求的是战胜对方的结果。兵贵神速，是战胜敌人的手段，不是目的。二人搏击对抗，"快"也不是目的。"捷"是有目的地，即达到目的地，要走捷径。快，如果路径远，这叫"欲速则不达"。捷，是达到目的地的捷径，走近路。《王征南先生传》中内家拳的存心五字："敬、紧、径、劲、切"的"径"字就是捷也。所以太极拳对对方的攻击，往往不理会对方的攻击而直接打击其要害。例如，对方起脚摆腿踢我头，我不理其摆踢之脚，上步就直接按其胸将其打翻！这就是捷。捷要有效果，必须"势险"和"节短"，即冒险和节奏短促！捷是有目的的；快是没目的的。

于志钧：您常说，习武与习文一样，要从小学开始，中学大学，一路念下来。这话是什么意思？

吴图南：旧时私塾，从三字经、百家姓开始，摇头晃脑地背诵，读四书五经，背得滚瓜烂熟，老师开讲，到八股文。民国后兴新学，从小学、中学到大学。都是循序渐进。练武功，也是先练弹腿，再练长拳，各门功夫，比若八极、通背、戳脚、翻子、南拳、形意、八卦、太极等等。弹腿和长拳就是小学课程；八极、通背是中学课程；形意、八卦、太极是大学课程。这个说法不要谁承认，就是循序渐进的意思。今天有些人不走这个过程，不练腰腿，不练长拳，上来就打太极拳。这等于不上小学、中学，一下就上大学，读大学的课本。这行吗！有人说，某某大师一辈子没打过一架，功夫高得不得了，谁都不是他的对手！这也出奇了，不打架，怎么知道谁都不是他对手？天方夜谭！荒唐！

你小时候练过弹腿，练过长拳，太祖拳、戳脚翻子一大堆，刀枪剑都摸过，形意练了七八年。你是货真价实的大学生！所以我教你。

于志钧：中国武术，不论拳剑刀枪，都有套路，为什么武术队的套路就是花架子？太极拳套路是不是也是花架子！

吴图南：叔直子说："教剑者有法，及其能剑，忘其法并忘其剑矣。"又说"未忘法而用剑者，临战斗必死于剑！"套路包含使用剑或拳的招法，要灵活运用，杀敌而自保。武术运动员的套路是为"人前美观"，是典型的"未忘法而用剑者"。

于志钧：太极拳是圆运动吗？

吴图南：中国传统文化讲"天圆地方"。古代城池城墙都是方的，东南西北有四座城门；东南、西南、西北、东北四个城角。太极拳四正、四隅跟城墙是一样的。城墙是防御敌人的，太极拳也是防御性的，所以说是方的。太极拳有这么几个特点：第一是有边界的（防御）；第二是天圆（人不知我）；第三是地方（我独知人）。掌握这几个原则，就立于不败之地！

于志钧：技击与养生是一回事吗？有人说某某先生练一辈子养生功，今年99岁（1987），一辈子没打过架，道德高尚，武功了得，谁也不是他的对手！

吴图南：天方夜谭吧！你说的那位先生，我知道。他不会武术，不会打架，一拳也抗不住打！他不练这个。他一辈子没打过架，你怎么知道"谁也不是他的对手"？

养生跟武功不是一回事。武术不是请客吃饭，那是出手见红要人命的玩意儿！这要专门练习出手接招、发劲、抗摔打、闪展腾挪等等。要经常在江湖上打斗、厮杀。不练这些，你能打遍天下无敌手？说笑话呢！

第五篇 架

第一章　吴图南演示三世七太极拳及打手法[*]

起式

揽雀尾一

揽雀尾二

揽雀尾三

单鞭

---

[*] 以下功架摄于1928年。

提手上势一　　　　　提手上势二　　　　　白鹤亮翅

搂膝拗步一　　　　　　　搂膝拗步二

搂膝拗步三　　　　　　　手挥琵琶一

第五篇　架

手挥琵琶二　　　搬拦捶一　　　搬拦捶二

如封似闭一　　　如封似闭二　　　十字手

抱虎归山一　　　抱虎归山二　　　斜单鞭

肘底看捶

斜飞势

海底针

山通背

撇身捶

高探马（右）

右分脚

高探马（左）

第五篇　架

左分脚

转身蹬脚

栽捶

翻身二起脚

打虎势（右）

打虎势（左）

双峰贯耳

披身踢脚

转身蹬脚

野马分鬃(左)

野马分鬃(右)

玉女穿梭(左)

玉女穿梭(右)

云手一

云手二

下势

金鸡独立一

金鸡独立二

倒撵猴（右）

倒撵猴（左）

十字摆莲

指裆捶

上步七星

退步跨虎

转身双摆莲

弯弓射虎　　　　十字手　　　　合太极

掤　　　　　　　　　捋

挤　　　　　　　　　按

採

挒

肘

靠

第五篇 架

第二章　九宫步

西方拳击防守方法有两种：一个是摆动头，左右躲闪；一个是抱头挨打。中国不是，中国拳术是移形换影。九宫步是移形换影的方法，即对方攻击我时，我意念一闪，身子漂移出去，躲开对方攻击，整个身子在对方面前消失了。

九宫步是宋氏太极功，也就是三世七之外的一种招法，所以三世七不包含九宫步，歌诀如下：

上盘冲掠两翅摇；

中盘以身带步水上漂；

下盘以步带身任逍遥。

这是一种进退、闪、绕、倒、转、跟、上综合步法，以闪身步为主。分上中下三盘：上盘依靠摇动两只胳膊带动全身；中盘以晃动身子带动全身；下盘以移动脚步带领全身，以避开对方快速、大力攻击。这种步法可以变换四正（前后左右）、四隅（左前、左后；右前、右后）八个方向和中央，故称九宫步。

现在介绍上盘的练法：

1. 由右虚步开始，左足屈膝下坐，右足脚尖虚点地；右手前伸，左手屈臂贴身，掌心均向下。（图2—1）

2. 右手向里向后向外（右）向前逆时针划平圆甩出，带动右脚向右挪动；同时，左手从右臂下向里向前向外（左）向后逆时针划平圆甩出，再向前伸出。带动左脚向前出。（图2—2、图2—3）

图2—1

图2—2

图2—3

3. 接前势,两臂摇动带动全身向左挪移。(图2—4、图2—5)

图2—4

图2—5

如此反复变化，走八个方向，坐镇中央。

当对方从我正面挥拳击我头部时，我一甩胳膊，向左或右闪身，使其击空；我随即转身到其侧或后面将其击出或击倒。我给对方的感觉是，本来在其正面，突然他一击不中，人就不见了。这叫移形换影。

第三章 太极拳小架子*

太极势　　　　　　　揽雀尾（掤）　　　　　揽雀尾（捋）

揽雀尾（挤）　　　　揽雀尾（按）　　　　　单鞭（一）

* 于志钧演示，摄于1993年。

单鞭二　　　　　　　　提手上势　　　　　　　　白鹤亮翅

搂膝拗步一　　　　　　搂膝拗步二　　　　　　　搂膝拗步三

搂膝拗步四　　　　　　搂膝拗步五　　　　　　　手挥琵琶一

手挥琵琶二　　　　　　进步搬拦捶（搬）　　　　进步搬拦捶（拦）

进步搬拦捶（捶）　　　　如封似闭一　　　　　　如封似闭二

抱虎归山一　　　　　　抱虎归山二　　　　　　抱虎归山三

抱虎归山四　　　　　　　斜揽雀尾（掤）　　　　　斜揽雀尾（捋）

斜揽雀尾（挤）　　　　　斜揽雀尾（按）　　　　　斜单鞭一

斜单鞭二　　　　　　　　肘底看捶一　　　　　　　肘底看捶二

肘底看捶三　　　　　　　肘底看捶四　　　　　　　倒撵猴一

倒撵猴二　　　　　　　　倒撵猴三　　　　　　　　倒撵猴四

斜飞势　　　　　　　　　海底针　　　　　　　　　山通背

撇身捶　　　　　　退步搬拦捶一　　　　退步搬拦捶二

退步搬拦捶三　　　　云手一　　　　　　云手二

云手三　　　　　　　单鞭　　　　　　　高探马一

高探马二（右）

右分脚一

右分脚二

左高探马

左分脚一

左分脚二

转身蹬脚

栽捶一

栽捶二

栽捶三　　　　　　　　栽捶四　　　　　　　　翻身撇身捶一

翻身撇身捶二　　　　　翻身撇身捶三　　　　　翻身二起脚一

翻身二起脚二　　　　　翻身二起脚三　　　　　披身踢脚一

披身踢脚二

转身蹬脚一

转身蹬脚二

野马分鬃（右）一

野马分鬃（右）二

野马分鬃（左）一

野马分鬃（左）二

玉女穿梭一

玉女穿梭二

玉女穿梭三　　　　　　玉女穿梭四　　　　　　玉女穿梭五

玉女穿梭六　　　　　　玉女穿梭七　　　　　　玉女穿梭八

云手一　　　　　　　　云手二　　　　　　　　云手三

云手四　　　　　　　　下势一　　　　　　　　下势二

金鸡独立（左）　　　　金鸡独立（右）　　　　倒撵猴一

倒撵猴二　　　　　　　倒撵猴三　　　　　　　倒撵猴四

指裆捶一　　指裆捶二　　指裆捶三

单鞭下势一　　单鞭下势二　　上步七星

退步跨虎　　转身迎面掌　　转身双摆莲一

转身双摆莲二

转身双摆莲三

转身双摆莲四

弯弓射虎

十字手一

十字手二

合太极

太极势

第四章　太极功玄玄刀

一、太极刀法概论

中华武术是中国传统文化的一部分。刀法是武术的拳、剑、刀、枪、棍术五大支柱之一。刀，作为战场上的主要兵器，一直延续到第二次世界大战。在抗日战争期间，中国军队的大刀队曾给日本侵略军以很大杀伤。在民间武术中，刀术是武术家必须掌握的武技。不会刀术，就不是一个完备的武术家，可见刀术在武术中的地位之重要。武术中的刀术，主要是短兵器的单刀。

神和玄贯彻中国传统文化的外部表征和内涵，中国传统文化的各方面没有不神和玄的，如中医之望、闻、问、切，兵家之虚实，中国画透过山水使人感觉到而看不到的神灵仙境，一切都是那么含蓄和深邃，令人看不到边界，给人以无限遐想。所以说，不神不玄就不是中华武术！这一切都与西方文化之实，之外在，之表面大相径庭。刀术作为中国传统文化，其表征当然也少不了神和玄。梁陶弘景《古今刀剑录》说："邓艾（三国魏将）年十二，曾读陈大丘碑，碑下挖得一刀，黑如漆，长三尺余，刀上有气，凄凄然。时人以为神物。"玄是神的伴生物，不玄不足以显其神。如果说宝刀为神物，那么刀法经人演出，则以刀术之玄示刀之神。故太极刀亦称玄玄刀，玄之又玄。我国著名太极拳家吴图南先生在1934年著《内家拳太极功玄玄刀》出版问世，首次将此刀法公开介绍之后，至今已成绝版。编者于1950年师从吴图南先生，学得此刀法。

刀剑皆属短兵器，然而刀术与剑术不同，不可混淆。清初枪术大家吴殳说："剑术真传不易传，直行直用是幽元，若唯砍斫如刀法，笑杀渔洋老剑仙。"这里讲剑法以刺为主，直来直去；刀法以劈砍为主，圆行圆用。自古尝有人以刀混剑，就是用刀乱捅乱刺；或用剑乱劈乱砍。剑轻而利，剑术轻灵；刀重而阔，刀法沉猛。刀法有三魂七魄，三魂曰：劈、砍、剁；七魄曰：剪、扎、斩、撩、挑、崩、磕。

刀术花法甚多，凡缠头裹脑、玉带拦腰、单（双）手耍（挽）花，都是花法，临战斗皆送命。切记！切忌！太极刀，本含有"缠头裹脑、玉带拦腰"等花势，今皆去掉。此点，武禹襄式太极刀法处理极佳，武氏刀有一个带鲨鱼牙齿的倒钩（见后编者所执之刀），人们就无法耍缠头裹脑、玉带拦腰的花势了。

太极刀法秉承拳法，不以快为能，讲求"急动则急应，缓动则缓随"、"以意为先，不尚力举"、"示之以虚，后发先至"；凡劈、砍、剁，皆以敌之落空，得以乘之；凡刀之碰撞，皆乘敌之不备。凡此，皆为敌之司命！

近日之刀法，多以健身为目的；其技击价值，早已成为昔日黄花。然而，作为民族传统文化的一部分，必须有人继承刀法之技击，传给后世。这是一个民族赖以生存所必需的文化支撑。

今人之刀术，懂实战者已属难得，称得起功夫者更是凤毛麟角！多是闭门造车。例如，某太极拳大师著书说：杨氏太极刀之"缠头裹脑"的用法是，当敌人之刀砍我脖颈时，我用刀在脖颈上一绕，就挡住了。我们说：真的敌人一刀砍来，你一缠头，恐怕人头落地了！

为使刀法姿势正确与优美，由图南公再传弟子王滨示范演示玄玄刀套路，每一定势都经编著者严格订正合格，才拍照定型，共有照片123幅，较原照增加22幅，并做相应动作说明，使学者更易于习练。

二、"三魂"与"七魄"

（一）三魂

1. 劈

以持刀之手腕为中心，抡刀，刀刃下劈，杀伤对方。

甲（左）持刀劈或刺乙（右）*；乙侧身躲过甲刀，同时用刀抢劈甲头。（图4—1）

图4—1

2. 砍

举刀过顶（头），以肩为中心，向下抡，用刀刃杀伤对手，曰砍。砍力凶猛。

（1）乙持刀劈或刺甲；甲斜上一步，侧身躲开乙刀同时举刀过顶。（图4—2）

（2）甲双手握刀砍下。（图4—3）

3. 剁

横刀向下为剁。

乙刺甲；甲急闪躲，用刀剁乙手臂。（图4—4）

---

* 以下图示中左侧均为甲，右侧均为乙。

图4—2

图4—3

图4—4

（二）七魄

1. 剪

用刀刃从上向下，伤敌持刀之手腕，曰剪。

（1）里剪。乙持刀劈甲；甲从乙持刀手臂里侧斜身侧步，躲开乙刀；剪乙持刀手腕。（图4—5）

图4—5

（2）外剪。乙持刀劈甲；甲从乙持刀之手臂外侧侧身上步，躲开乙刀，剪乙持刀手腕。（图4—6）

图4—6

2. 扎

用刀尖杀伤敌,刀竖(立)面向前推,曰刺;刀面横向前推,曰扎。刺用胳膊劲;扎用全身整体劲。

乙扎甲,甲侧身剪乙腕。(图4—7)

图4—7

3. 斩

用刀刃杀伤敌脖颈,曰斩。

(1)里斩。甲持刀劈乙;乙从甲持刀手臂里侧侧身躲过甲刀,同时,用刀斩甲脖颈。(图4—8)

图4—8

（2）外斩。甲持刀劈乙；乙从甲持刀手臂外侧侧身躲刀，同时从甲持刀手臂外侧，用刀斩甲脖颈。（图4—9）

图4—9

4．撩

（1）里撩。乙持刀劈甲；甲向乙持刀手臂里侧，斜身侧步，躲开乙刀，同时用刀反手向上撩乙持刀手腕。（图4—10）

图4—10

（2）外撩。甲持刀劈乙；乙向甲持刀手臂外侧斜身侧步，躲开甲刀，同时用刀反手从下向上撩甲持刀手腕。（图4—11）

图4—11

5. 挑

（1）挑腕。乙双手握刀，举刀过顶，准备砍甲；甲反手准备挑刀（图4—12）；甲乘乙刀砍下之机，反手刀挑乙持刀之手腕。（图4—13）

图4—12

（2）挑面

乙提腿上步，用刀劈甲头；甲斜身坐步，躲开乙刀，反手刀，准备挑乙面部。（图4—14）

甲瞬即用刀上挑乙面部。（图4—15）

图4—13

图4—14

图4—15

6. 崩

（1）乙持刀上步，平扎甲胸部。（图4—16）

（2）甲卸步，反手用刀背突发，把乙刀崩出。（图4—17）。

图4—16

图4—17

7. 磕

磕，格之轻也，所谓轻轻一磕。

甲持刀平扎乙；乙向左斜身侧步，躲开甲刀，从甲外侧反手用刀背轻轻一磕；出其不意，甲刀被磕出或磕甲刀脱手落地。（图4—18）

图4—18

三、玄玄刀法

为表现玄玄刀姿势准确美观，由吴图南先生的再传弟子王滨小姐演示刀法。全套刀法共 97 势。

方位图如下：

```
                    后
        右后                    左后

        右          中          左

        右前                    左前
                    前
```

请注意！随人体之转动，前后之方位也随之变动。

（一）太极势

动作说明：

1. 身体直立，面向前方，头上顶。左手捧刀，刀背与左臂相贴。两臂自然下垂于身体两侧，右手五指向下舒展。两脚分开，与肩同宽，平行着地，目前视。（图 4—19）

2. 接前势，右手立腕，五指向前伸展，掌心下按。（图4—20）

图4—19

图4—20

（二）揽雀尾

动作说明：

（1）双腿微曲、半蹲，重心向左移于左足；右脚尖向外撇45度。两臂向两侧平举，掌心朝前。（图4—21）

（2）重心移至右足，左脚尖立地，成丁虚步。两臂合抱，左手横抱刀于外，右手立掌在内，附刀柄。（图4—22）

（3）上身不动，左脚前出半步，脚跟着地，脚尖翘起。（图4—23）

（4）左脚尖向里扣45度落地，身向右转；右足向右上步，成右弓步。同时，右掌向右抹出，右臂伸直，与肩平，立掌五指并拢；左手抱刀，左臂向右平伸，与肩平。面转向右方，目前视。（图4—24）

（5）身向后坐，右腿伸直，脚跟着地，脚尖翘起，成左坐步。同时，左臂弯曲，抱刀收回于腰侧；右掌向外翻，掌心朝上，亦收回于腰侧。（图4—25）

（6）向前弓右膝，成右弓步。同时，左手抱刀前伸；右手亦前伸，掌心向上。两臂均与肩平。（图4—26）

图4—21

图4—22

图4—23

（7）身向后坐，右脚尖翘起，上身直立，成左坐步。同时，左手抱刀横屈左臂，刀横于胸前；右掌心朝上，向右平旋半圈，立掌于刀柄里侧。（图 4—27）

图4—24

图4—25

图4—26

图4—27

（8）向前弓右膝，成右弓步。同时，左手抱刀向前伸，臂与肩平；右掌向前推出，臂与肩平。目前视。（图4—28）

图4—28

（三）搂膝拗步

动作说明：

（1）左手抱刀，左臂下垂。右脚扣135度落地，身向左转，面向左方；右足坐步，左足收半步，脚尖点地，成左虚步。同时，右手掌心向里，置于右耳侧，指尖向前。上身直立，目平视。（图4—29）

（2）左足上半步，弓左膝，成左弓步。同时，右手前伸，直臂，立掌，掌心向前，臂与肩平。目前视。（图4—30）

（四）分刀势

动作说明：

（1）下身不动，两手合抱于胸前，刀交右手。（图4—31）

（2）右足向前进一步，弓膝成右弓步。同时，右手握刀，反手上提，刀柄与面齐，刀刃朝前，刀尖向下；左手立掌，掌心朝前，推向刀背。目前视。（图4—32）

图4—29

图4—30

图4—31

图4—32

（五）左右摘星

动作说明：

（1）左足向前迈一步，弓膝成左弓步。同时，右手握刀，向外旋，再向左前上方斩出；左掌扶右腕，以助其势。面向前方，目注刀尖方向。（图4—33）

图4—33

（2）右足向右前方迈一步，弓膝成右弓步。同时，右手握刀，向里旋，向右前上方斩出；左手扶右腕，以助其势。面向前方，目注刀尖方向。（图4—34）

应用说明：这是向左或向右两个斩敌脖颈的招式。当敌持械（刀、剑、枪、棍）从正面攻击我时，我闪身躲开敌兵器，用刀从其里或外侧斩其脖颈。

（六）卸步捋刀

动作说明：左足下坐，右足撤半步，脚尖点地，成右虚步。同时，右手握刀下捋，刀尖向前，刀刃向下；左手扶右腕。目前视。（图4—35）

图4—34

应用说明:当敌持械攻击我腹部时,我右手持刀,刀身稍向里斜,向外将彼兵器推出,顺势向回掠将其兵器拉向外侧,我持械进攻。

图4—35

（七）分心刺

动作说明：右足向前上半步，成右侧弓步。同时，右手伸臂向前直刺，臂与肩平，刀刃向下；左臂向后平伸，掌心向下。目前视。（图4—36）

应用说明：分心刺，可以主动进攻，出敌不意，先发制人。也可以当敌持械进攻时，我侧身躲开敌兵器，顺势右手持刀，直出，刺彼胸腹。

图4—36

（八）左挂金铃

动作说明：身向后坐，左足下曲；右足撤半步，脚尖立地，成右虚步。同时，握刀向外翻腕，反手回撤上举，刀柄置于左耳侧，刀尖向前，刀身水平，刀刃朝上；左掌扶右腕。目注前方。（图4—37）

应用说明：这是一个险招，当敌持械攻击我头部时，我躲避不及，右手持刀，反手向上急回刀，将彼兵器向外（左）挂出。

图4—37

（九）推窗望月

动作说明：右足向前上半步，左足再向前迈一步，成左弓步。同时，右手握刀向后劈，向上提，向前推刀于面前，刀刃向前，刀尖斜向下；左手立掌，掌心向前，立于刀背后，助刀推势。目前视。（图4—38）

应用说明：这是一个亮门户观望的招式。

（十）回身劈

动作说明：身向右转，转向右方；弓膝成右弓步。同时，右手持刀向右方劈出，刀斜向下；左臂向左上方伸出；刀、两臂、两肩、左手成一直线，左手掌心朝下。面向右方，目注刀尖。（图4—39）

应用说明：当敌持械从我背后偷袭时，我急转身避开彼兵器，顺势劈其头。

（十一）转身撩阴刀

动作说明：身向左转，右足向左进一步，弓膝成右弓步。同

图4—38

图4—39

第五篇 架

时，右手刀从右下方向左撩出，刀刃向上；左掌扶右腕，以助撩势。面向左方，目注刀尖。（图4—40）

应用说明：当敌持械从我背后袭击时，我急转身避开彼兵器，顺势进步，右手持刀，反手撩彼阴（裆）部。

图4—40

（十二）左挂金铃

动作说明：右脚撤半步，脚尖点地；左腿下坐，成右虚步。同时，右持手刀，反手上撩回撤，刀柄置于左面侧，刀身平向前，刀刃朝上；左手掌扶右腕。目注前方。（图4—41）

应用同前。

（十三）登山远眺

动作说明：右脚落地，左足向前迈一步，成左弓步。同时，右手刀向后劈，反手向前撩出，刀与头顶平，刀刃向上，刀尖向前；左手掌扶右腕。目前视。（图4—42）

应用说明：当敌持器械从上向下攻击我头部时，我侧身上步，躲开敌械，右手持刀，反手向上撩其头。

图4—41

图4—42

（十四）鹞子翻身

动作说明：右手持刀，姿势不变，向回撤至头顶；身向右转一圈，从刀下钻出，面仍向左方；同时左脚随身绕右足一周，落于右脚里侧；左腿直立，右腿曲膝上提，小腿和足尖下垂，成独立势。反手持刀，置于胸前，刀刃朝上，刀尖向前。目前视。（图4—43）

这是一个花势。

图4—43

（十五）大鹏展翅

动作说明：右足向前上一步，弓膝成右弓步。同时，右手反手刀向前刺出，臂与肩平，刀尖向前；左臂向后平伸，掌心朝下。目前视。（图4—44）

应用说明：此势是个试探的虚招。可刺；可挑；可翻手下劈。

（十六）燕子入巢

动作说明：身向左转至右方，右足提膝，小腿和脚尖下垂；

图4—44

左腿直立,成独立势。同时,右手向里旋腕,刀下劈,随转身向后撩出,举刀于面前,刀柄齐喉,平刀向前,刀刃向上;左手扶右腕以助之。面向右方,目前视。(图4—45)

图4—45

（十七）上步捋刀

动作说明：右足向右后方上一步，弓膝成右弓步。同时，右手向里翻下捋，刀柄置于右胯侧，刀刃向下，刀尖向前；左手向前平伸，立掌，掌心朝前，臂与肩平。面向右，目前视。（图4—46）

这是个观察姿势。

图4—46

（十八）迎面刺

动作说明：左足进一步，弓膝成左弓步。同时，右手刀伸臂向前直刺，左手扶右腕。目前视。（图4—47）

应用见前。

（十九）翻身藏刀势

动作说明：身向右转向左方，弓右膝成右弓步。同时，右手刀随转身下劈，刀柄撤至右胯侧，刀身平，刀尖向前；左手掌随刀向前推出，立掌，掌心向前，臂与肩平。面向左方，目前视。（图4—48）

这是个观察姿势。

图 4—47

图 4—48

（二十）指裆刀

动作说明：右手刀向前下方刺出，左手扶右小臂。目注刀尖。（图4—49）

应用说明：扎裆。

图4—49

（二十一）打虎势

动作说明：左足斜向前进一步，弓膝成左侧弓步。同时，右手持刀，从后向左前下方抢劈；左掌举于头左上方，掌心朝外。面向前方，目注刀尖。（图4—50）

应用说明：当敌持械从正面攻击我时，我侧身斜步，右手刀斜劈其身。

（二十二）燕子入巢

动作说明：左足直立，右腿向前平踢，脚尖向上。同时，右手持刀，反手上挑，刀柄置于喉前，刀身平，刀刃向上，刀尖朝前；左手立掌，扶右手腕。面向前，目前视。（图4—51）

应用说明：当敌持械攻击我头部时，我右手持刀，反手向上挂开其兵器，同时起脚踢其持械之手腕。

图4—50

图4—51

第五篇　架

(二十三)上步捋刀

动作说明:右足向前上一步,弓膝成右弓步。同时,右手刀向里翻,下捋,置于右胯侧,左手立掌向前推出,与藏刀势相同。(图4—52)

应用同卸步捋刀。

图4—52

(二十四)苍龙出水

动作说明:左足向前迈一步,成左弓步。同时,右手刀伸臂向前直刺,臂与肩平;左手横掌于额前。目前视。(图4—53)

应用说明:正面刺敌胸腹。

(二十五)翻身藏刀势

动作说明:与十九势相同,唯方向相反。面向右方,目前视。(图4—54)

应用说明:当敌持械从我身后攻击时,我急转身避开其攻击,观察其动静。

图4—53

图4—54

(二十六)上三开势

动作说明:左足向前迈一步,直立;右足向前提膝,成左独立势。同时,右手刀向前直刺,臂与肩平;左手立掌向后推出。向左侧身,两臂拉开。面向前,目前视。(图4—55)

应用说明:当敌持刀砍我腿时,我急起脚,避开敌刀,用刀威胁敌头。

图4—55

(二十七)带醉脱靴

动作说明:

(1)接前势,右手持刀,反手向左脸旁回挂;刀刃朝上,刀尖朝前;左手扶右腕,以助其势。(图4—56)

(2)右脚向前蹬出。面向前,目前视。(图4—57)

应用说明:当敌持械攻击我头部时,我右手持刀,反手向左挂将其兵器挂出;顺势起右脚踢其持械之手腕。

(二十八)推窗望月

动作说明:右脚向前下落,左足向前迈一步,弓膝成左弓

图4—56

图4—57

步。余同第九势之推窗望月,唯方向相反。(图4—58)

(二十九)翻身藏刀势

动作说明:与第十九势相同。(图4—59)

图4—58

图4—59

（三十）回身劈

动作说明：

（1）左脚向前迈一步，向前探身，右脚提于左腿窝处，成左独立势。同时，右手持刀向前平刺；左掌扶右肘窝，以助刀势。（图4—60）

（2）右脚向后撤一步，身向右转至右方，弓右膝成右弓步。同时，右手刀回身向后（右）劈；刀、两臂、两肩拉成直线，左掌心朝下。目注刀尖。（图4—61）

应用说明：当敌持械从我身后攻击时，我偷（空）腰，翻身避开敌械，乘势劈敌之头。

（三十一）回身撩阴刀

动作说明：同十一势之撩阴刀。（图4—62）

应用说明：当敌从我身后持械攻击时，我急转身避开敌械，反手用刀撩敌阴部。

图4—60

图4—61

图4—62

（三十二）横扫千军

动作说明：左脚微移与右脚在一条线上，身向左转，下蹲成骑马步。同时，右手刀上挑，向左劈，再向右平扫；左手向左平展，掌心朝下。头随刀向右转，目注刀尖。（图4—63）

应用说明：当敌持械从正面攻击我胸腹时，我急侧身避过敌械，同时挥刀斩敌之腹。

图4—63

（三十三）左挂金铃

动作说明：同第八势之左挂金铃。（图4—64）

（三十四）推窗望月

动作说明：同第九势之推窗望月。（图4—65）

（三十五）翻身藏刀势

动作说明：同二十五势之翻身藏刀势。（图4—66）

（三十六）回身劈

动作说明：

（1）左足向前迈一步，向右侧身，右脚提起藏于左腿膝窝处，

图4—64

图4—65

图4—66

身向前探。同时，右手刀向前刺出；左手立掌扶右腕。面向前，目注刀尖。（图4—67）

（2）接前，身向右转，向后翻身；右脚落地，弓膝成右侧弓步。同时，右手刀随翻身抡刀向后劈，刀尖斜向下；左臂伸向斜上方，掌心向下。目注刀尖。（图4—68）

（三十七）探海势

动作说明：左足进一步，身向右转180度，弓膝成右弓步。同时，右手刀自下而上向后撩出，刀尖斜向下，刀刃向上；左臂伸直，斜向上，掌心向下。身向前探，目注刀尖。（图4—69）

应用说明：当敌从我身后持械攻击时，我急转身避开敌械，顺势反手刀撩敌阴部。

（三十八）捞月势

动作说明：身向后稍移；随身后移，右手外翻回撤；刀再向前撩出，随刀前撩，身复向前探出。左手掌扶右小臂，目注刀尖。（图4—70）

图4—67

图4—68

图4—69

应用说明：接前势，当敌撤刀避开我刀，顺势用刀剪我持刀手腕；我急撤刀，躲开敌刀，顺势向外翻腕，反手刀再撩敌持刀手腕。

图4—70

（三十九）卸步将刀

动作说明：身向后坐，右足向后撤半步，足尖点地；左足下蹲，成右虚步。同时，右手刀向里翻，下将，刀柄置于右膝内侧；刀刃向下，刀尖向前；左手扶右腕。面向前，目前视。（图4—71）

图4—71

（四十）分心刺

动作说明：右足向前上半步，弓膝成右侧弓步。同时，右手刀向前刺，臂与肩平；左手伸臂向后，掌心朝下。目前视。（图4—72）

（四十一）玉环托刀势

动作说明：左足向前进一步，弓膝成左弓步。同时，右手持刀，腕向里翻，反手提刀，刀尖向下，刀刃向前，向左拨前推；左手扶刀背，立掌前推，以助刀势。面向前，目前视。（图4—73）

应用说明：接前势，敌侧身躲开我之分心刺，顺势挥刀从右向左扫我腰肋时；我急上左步，向前推刀，豁敌。

图4—72

图4—73

（四十二）七星势

动作说明：两脚不动，上身向右转45度，面向右前。同时，右手刀从左臂下向外向上穿出，刀尖朝上，刀刃向外；左手立掌，伸臂于胸前。目平视。（图4—74）

这是一个亮门户动作，观察敌之动静。

图4—74

（四十三）卧虎跳涧

动作说明：右足向左足并半步，未落地，左足蹬地跳起；右足落地后，左足向右前方伸出，脚尖点地，坐右足成左虚步。同时，右手持刀，向下捋向后拉，向右背后背刀，绕过右肩，向前劈出，下捋置于右胯侧；刀尖朝前，刀身平，刃向下。左手立掌，随背刀向腹部收回向前推出，上提至胸前，挨刀向前劈出后拉，左手沿刀背向前推出，左臂伸直，与肩平。目前视。（图4—75）

这是一个虚势，观察敌之动静。

图4—75

（四十四）迎面刺

动作说明：左足上半步，弓膝成左弓步。同时，右手刀前刺；左手扶右腕。目前视。（图4—76）

应用说明：出敌不意，急刺其面。

（四十五）卧虎势

动作说明：

（1）向右侧身，开右脚，扣左脚；弓右膝，成右侧弓步。同时，举右手刀过顶，刀刃朝上，向右拉；左手立掌循刀背横开。（图4—77）

（2）接前势。右手刀向右劈，再向左横扫至左肋侧，向里翻腕，刀背贴胸，刀尖斜朝上；左手横掌置于头前上方，掌心朝前。同时，身向右转向左方；坐左足，右足收半步，脚尖点地，成右虚步。面向左方，目前视。（图4—78）

（四十六）藏刀势

动作说明：右足向前上半步成右弓步。同时，右手刀斜向

图4—76

图4—77

图4—78

下砍,置刀于右胯侧,刀尖朝前,刀刃向下;左手沿刀背向前推出,立掌,掌心朝外。目前视。(图4—79)

(四十七)蟠龙势

动作说明:身向后坐,下坐;右足跟撤半步,脚尖点地,成右虚步。同时,右手刀向左抄,从左臂外侧向上穿出,刀尖向上,刀刃朝前;左臂垂肘,侧立掌,与刀背相贴。目前视。(图4—80)

(四十八)赶步蟠龙势

动作说明:上身不动。右足向前上半步,落实,屈膝下蹲;左足跟进,并于右足侧,脚尖点地,成左连枝步。(图4—81)

(四十九)云刀藏刀势

动作说明:

(1)右足向右横开一步,弓右膝,向右侧身,成右侧弓步。同时,右手刀上举过顶,刀刃朝上横向右拉;左臂向左横开,与肩平,立掌,掌心外撑。面向后方,目平视。(图4—82)

图4—79

图4—80

图4—81

图4—82

应用说明：当敌持刀劈我头时，我右脚横撤一步，避开敌刀，同时右手刀刃向上横拉，削敌持刀手腕。

（2）右足垫步，下坐；左足向后伸出，脚尖点地，成左虚步。同时，左手刀向后劈，下捋，置于右胯侧，刀尖向后，刀刃向下；左手立掌循刀背向后推出。（图4—83）

图4—83

（五十）护膝劈刀势

动作说明：右手反手提刀，刀尖朝下，刀刃向前，用刀背向左膝外侧格出，抢刀向前劈出。同时，左足上半步，右足再进一步，成右弓步。左臂向后上方伸出，掌心朝下。面向前方，目注刀尖。（图4—84）

应用说明：敌用枪扎我左膝，我右手向里翻提刀拨开敌枪；当敌撤枪时，我上右步顺势劈敌。

（五十一）左挂金铃

动作说明：与第八势之左挂金铃相同，唯方向朝后。（图4—85）

图4—84

图4—85

(五十二)卧鱼势

动作说明：左足向前迈一步，右足从左腿窝向前套步，双腿坐盘。同时，右手持刀，左手按刀背，双手向下压刀。（图4—86）

此势坐观敌变。

图4—86

(五十三)旋身藏刀势

动作说明：

（1）起身，原地向右旋转360度。同时，右手持刀，平刀向外扫一周。目平视。（图4—87）

（2）旋一周后，右足下坐，左足前伸，脚尖点地，成左虚步。同时，右手刀向前劈，向后捋刀，置于右胯旁；左手循刀背侧立掌前推，伸于面前。（图4—88）

应用说明：接五十二势。敌持械击我头时，我突下蹲旋身，持刀平地扫敌腿或脚腕。

图4—87

图4—88

（五十四）迎面刺

动作说明：左足向前上一步，成左弓步。同时，右手刀向前直刺；左手扶右腕。目前视。（图4—89）

图4—89

（五十五）卧虎势

动作说明：左足后撤一步，身向左转，左腿下坐；右足向前伸半步，脚尖点地，成右虚步。同时，右手举刀过顶，向右横拉，随转身向左砍；翻腕，置刀于左胸侧，刀尖斜向上，刀刃朝外；左手屈臂横举于头前，掌心朝外。面向右方，目前视。（图4—90）

（五十六）卧鱼势

动作说明：同五十二势之卧鱼势，唯方向向右。（图4—91）

（五十七）旋身藏刀势

动作说明：同五十三势之旋身藏刀势，唯方向朝右。（图4—92）

图4—90

图4—91

第五篇 架

图4—92

（五十八）分心刺

动作说明：同四十势之分心刺。（图4—93）

（五十九）转身截刀势

动作说明：右足向左足后倒插一步。同时，身向左转，右手刀向左下方截（插），刀尖斜向下，刀刃朝下；左手扶右腕。面向左下方，目注刀尖。（图4—94）

（六十）青蛇伏地

动作说明：

（1）左足向左迈一步，身向左转，右足再向左进一步，两腿下蹲成骑马势。同时，右手刀向左贴地直刺，两臂展开，伸平，骑马步。面向右，目前视。（图4—95）

（2）然后，右手刀下捋；左手扶刀首。（图4—96）

应用说明：五十九、六十两式是连续动作。当敌从我身后持械攻击我腿部时，我急转身，插刀，用刀背格开敌械，顺势刺其胸腹。

图4—93

图4—94

图4—95

图4—96

（六十一）分心刺

动作说明：与五十八势之分心刺相同，唯方向相反。（图4—97）

图4—97

（六十二）回马提铃

动作说明：身向左转向左方，右足向左迈一步，重心落于右足；身向左探，左脚跟提起。同时，右手持刀，屈小臂上提，背刀于背后，向前劈，自下而上向后撩，刀斜向下，刀刃向上；左手扶右臂。向右回头，目注刀尖。（图4—98）

应用说明：这是一个佯装败势。当敌持械追赶我时，我向后反手撩刀，撩敌持械手臂或腕。

（六十三）斜飞势

动作说明：左足向左迈一大步，仆步下势。同时，右手持刀，反手上提，随仆步反手下撩。刀尖斜向下，刀刃向上；左手扬掌，伸向左上方。目注刀尖。（图4—99）

应用说明：当敌持械攻击我上身高部位时，我突然下势，反手刀撩其下身。

图4—98

图4—99

（六十四）金针指南

动作说明：起身，身向右转，面向左方，右足撤半步，脚尖点地，成右虚步。同时，右手刀反手回带，举于颚前；刀尖朝前，刀刃朝上。目前视。（图4—100）

图4—100

（六十五）怀中抱月

动作说明：双手捧刀于胸前。左足进一步。（图4—101）

（六十六）顺水推舟

动作说明：右足进一步，弓膝成右弓步。同时，右手刀反手前推，刀尖向前，刀刃朝上。目前视。（图4—102）

应用说明：六十五、六十六两势相连。当敌持械从正面攻击我时，我向右斜上一步，避开攻击，反手刀由下向上，豁挑敌胸腹。

（六十七）斜飞势

动作说明：身向右转，右足向后撤一大步，面朝前；左腿向左侧弓，仆步下势。同时，右手刀反手向右下方撩出，刀刃向

图4—101

图4—102

后，刀尖向右下方。左掌上扬，伸向左上方，以平衡刀势。(图4—103)

应用说明：敌持械攻击我头部时，我仆步躲开敌械，用刀砍敌之腿。

图4—103

(六十八) 提刀探海势

动作说明：起身向右转，左足向右迈一大步，弓膝成低左弓步。同时，右手刀向前抡劈于左小腿前，刀贴地，刀尖向前；左臂后扬，左手反手倒钩。面向前，目注刀尖。(图4—104)

(六十九) 卸步闪展势

动作说明：右腿向右侧弓，身向右转，左腿伸直，成右侧弓步。同时，右手刀向里翻，刀刃朝上，反手向后拉，置于左腿前上方；左手捧刀柄。目注刀锋。(图4—105)

(七十) 进步劈刀势

动作说明：右足向左后方迈一大步，弓膝成低右弓步。同时，身向前探，右手抡刀向前劈，刀刃贴地，左手扶右腕。目注

图4—104

图4—105

刀尖。（图 4—106）

应用说明：六十九、七十两式相连，敌用枪从正面扎我胸腹时，我向右斜撤一步，躲开敌枪；敌撤枪，我顺势上右步，用刀抢劈敌头。

图4—106

（七十一）左挂金铃

动作说明：与第八势之左挂金铃相同，唯方向与前势相反。（图 4—107）

（七十二）推窗望月

动作说明：与第九势之推窗望月相同，唯方向与前势相反。（图 4—108）

（七十三）青龙献爪

动作说明：右足向前迈一步，成右弓步。同时，右手向里翻，向斜前上方斩出；左手扶右腕，以助刀势。目注刀尖。（图 4—109）

应用说明：敌持刀从正面劈砍我头时，我急向右侧身，躲过其刀，右手刀自右向左，斩敌脖颈。

图4—107

图4—108

240

图4—109

（七十四）横扫千军

动作说明：与三十二势之横扫千军相同，唯方向相反。（图4—110）

（七十五）流星赶月

动作说明：身向左转，右足向左迈一步，坐左腿，右脚点地，面向左方，成右虚步。同时，右手刀随身向左转，自右向下向左后上方撩出；左手合于右腕。目注刀尖。（图4—111）

应用说明：敌从我身后攻击我头部，我急转身躲开，顺势右手刀向上撩扫敌持械手臂、腕。

（七十六）斜飞势

动作说明：身向左转，转向后方，右足向前伸，仆步下势。同时，右手刀向右下扫；左臂向左上伸出，掌心上扬。目注刀尖。（图4—112）

（七十七）抱月势

动作说明：起身，右足向左收半步；左腿下蹲，开裆，右脚尖

图4—110

图4—111

图4—112

点地,成左侧坐步。同时,左手持刀,屈臂抬肘,抱刀于怀中,刀尖向右,刀刃朝上;左手掌扶刀首。目注刀尖。(图4—113)

应用说明:此式观察敌之动静,亮一个门户。

(七十八)乘风破浪

动作说明:左足向右足后倒插一步,身向左转,左手向左推出;右手抱刀姿势不变。面向左,目注左掌。(图4—114)

(七十九)分心刺

动作说明:身向右转,右脚向右迈一大步,弓膝成右侧弓步。右手持刀向里翻,随右步前刺;左臂向后伸,掌心朝下,侧身拉开胸部。面向右,目前视。(图4—115)

(八十)右摘星

动作说明:右足向右横半步,成右弓步。同时,右手刀向里翻,刀交左手,外翻,向右前上方平斩;右手扶刀首,以助刀势。目注刀锋。(图4—116)

图4—113

图4—114

图4—115

图4—116

（八十一）左摘星

动作说明：左足向左后方进一步，弓膝成左弓步。同时，左手刀里翻，向左后上方平斩；右手扶左腕，以助刀势。目注刀锋。（图4—117）

应用说明：八十、八十一式为各从左、右斩敌脖颈。

图4—117

（八十二）卸步持刀

动作说明：左足撤半步，右腿下蹲，左脚尖点地，成左虚步。同时，左手刀下持，刀柄置于左膝里侧，刀尖向前；右手扶左腕，以助刀势。面向前，目前视。（图4—118）

（八十三）进步崩刀

动作说明：左足上半步，踏实；右足跟半步，脚跟提起。同时，身向前拥，左手刀用刀背向前崩出，刀尖斜向前下方；右手扶刀柄，以助崩势。面向前，目注刀尖。（图4—119）

（八十四）反臂插刀

动作说明：右足向前进一步，左足向右腿后插进一步，提脚

图4—118

图4—119

第五篇 架

247

跟，身向右拧，成麻花步。同时，左手刀向里翻，反手上提，再向下斜插；右手按刀背下送。身向后背，目注刀锋。（图4—120）

应用说明：八十三、八十四两式相连。敌持械从正面攻击我胸腹；我持刀用刀背将其兵器崩出；乘势上步，向左侧身，倒插步；刀交左手，反手下插，豁敌阴部。

图4—120

（八十五）青蛇伏地

动作说明：身向左翻至正面，左足向左开半步，下蹲成骑马步。同时，左手刀随翻身向右抢劈，刀柄于右胯内侧，刀尖向右，刀刃向下；刀交右手，左手握右手，以增劈砍之力。面向右方，目平视。（图4—121）

（八十六）分心刺

动作说明：同四十势之分心刺。（图4—122）

（八十七）转环提篮势

动作说明：右足退一步，左足撤半步；右足下蹲，左脚尖点地，成左虚步。同时，右手刀撤回，背于右肩背后，刀尖垂下，

图4—121

图4—122

刀刃朝后;左手立掌前推,掌心朝前。面向前,目前视。(图4—123)

应用说明:这是亮一个门户,观察敌之动静。

图4—123

(八十八)进步提篮势

动作说明:上身不变,左足上半步,踏实;右足跟进,并于左脚旁,脚尖立地成连枝步。(图4—124)

(八十九)云龙戏水

动作说明:左足向前上一步,右足再向前进一步;身向左转,左足向右腿之后倒插一步,踏实,有脚尖点地。同时,身向左拧,刀向右劈出,刀尖斜向下;左臂伸向左上方左手立掌外撑。目注刀锋。(图4—125)

(九十)翻身劈

动作说明:身向左旋转,至面向右方;左足向前上半步,弓膝成左弓步。同时,右手刀随身旋转向右抢劈,刀尖斜向下;左手握右手,以助劈势。目注刀锋。(图4—126)

图4—124

图4—125

第五篇 架

应用说明：从八十八到九十势，是一个连环劈砍动作。除敌我功夫相差过于悬殊的情况下，慎用这样的转身劈砍招法。此势更多是表演成分。

图4—126

（九十一）回身刀

动作说明：身向右转180度，弓右膝成右弓步。同时，右手持刀，翻身向右劈出，刀尖斜向下；两臂拉开，左臂伸向后上方，掌心朝下。面向左方，目注刀锋。（图4—127）

应用说明：敌从我身后持械偷袭；我急回身，避开其兵器，顺势劈砍其头。

（九十二）卧虎势

动作说明：同四十五势之卧虎势。（图4—128）

应用说明：这是亮一个门户，观察敌之动静。

（九十三）藏刀势

动作说明：同四十六势之藏刀势。（图4—129）

图4—127

图4—128

图4—129

(九十四)交刀势

动作说明:

(1)左足向前迈一步,弓膝成左弓步。右手刀向左后上方平斩;左手合右手,准备接刀。(图4—130)

(2)刀交左手,左手捧刀。目前视。(图4—131)

(九十五)搂膝拗步

动作说明:

(1)身向后坐,右腿下蹲;左足收半步,脚尖点地,成左虚步。同时,左手捧刀搂左膝,抱刀于左胯侧;刀尖朝上,刀刃向前。右手侧立掌,掌心向内,抚于右耳侧,指尖朝前。(图4—132)

(2)左足上半步,弓膝成左弓步。同时,右臂向前伸,立掌,掌心朝前。目前视。(图4—133)

(九十六)收刀势

动作说明:

(1)身形不变。右手平掌,掌心朝上,收于右胸侧。(图4—134)

图4—130

图4—131

图4—132

图4—133

图4—134

（2）开右脚，身向右转至面向前方，弓右膝成右侧弓步。同时，左手捧刀，从左侧上抬，经头顶绕向右方，斜抱刀于面前；刀柄朝右上方，刀尖朝左下方，刀刃朝上。（图4—135）

（3）左脚向右并步，两脚平行，相距与肩同宽。同时，右手抱刀贴身，垂于身右侧；右手上举，右手掌横于头右侧，掌心朝内。面向左方，眼向左看。（图4—136）

（4）头由左转向前方。同时，右手掌向外翻横于头右额侧上方，掌心朝前。目前视。（图4—137）

（九十七）合太极

动作说明：

（1）身形不变。右手缓缓下落，垂于身右侧；掌心下按，五指舒展，指尖向前。（图4—138）

（2）稍停，调息（自然呼吸）；右掌放下，垂于身侧。面向前方，目平视。

图4—135

图4—136

图4—137

图4—138

第五章　武当乾坤剑[*]

太极势

揽雀尾一

揽雀尾二

揽雀尾三

揽雀尾四

揽雀尾五

---

[*] 武当乾坤剑到民初，招式的名称大部亡佚，今天的名目是吴图南先生命名补充的。套路如图所示，由于志钧演示。

揽雀尾六

揽雀尾七

揽雀尾八

揽雀尾九

揽雀尾十

金针指南一

金针指南二

交剑势

分剑势

挂剑势

七星势

上步遮膝

回身劈

转身撩剑

卧虎当门

倒挂金铃

指裆剑

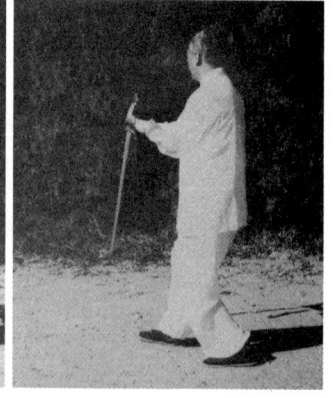
临溪垂钓

劈山夺宝

逆鳞刺一

逆鳞刺二

回身劈

沛公斩蛇

翻身提斗

猿猴舒臂

子路问津

李广射石一

李广射石二

彩凤舒羽一

彩凤舒羽二

彩凤舒羽三

彩凤舒羽四

彩凤舒羽五

退步撩阴一

退步撩阴二

艄公摇橹一

艄公摇橹二

艄公摇橹三

顺水推舟

眉中点赤一

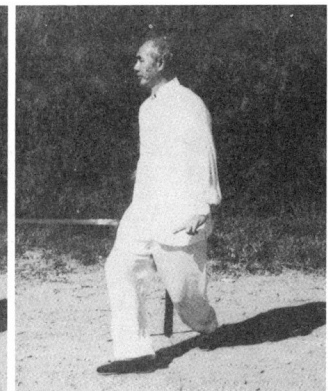
眉中点赤二

眉中点赤三

回马剑一

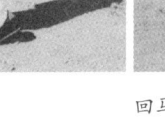
回马剑二

玉女投针一

玉女投针二

魁星提笔

迎门剑一

迎门剑二

卧虎当门

海底擒鳌一

海底擒鳌二

翻身提斗

反臂剑

翻身跳步栽剑一

翻身跳步栽剑二

左提鞭

右提鞭

落花待扫（左）

卧虎当门

落花待扫（右）

翻身披挂一

翻身披挂二

进步撩扫一　　　　　　　进步撩扫二　　　　　　　进步撩扫三

抱月势　　　　　　　　　抱月势（侧面）　　　　　单鞭势

肘底看剑一　　　　　　　肘底看剑二　　　　　　　海底捞月一

海底捞月二

海底捞月三

横扫千军一

横扫千军二

横扫千军三

撇身击

抱头洗

魁星提笔一

魁星提笔二

燕子入巢

灵猫捕鼠一

灵猫捕鼠二

灵猫捕鼠三

灵猫捕鼠四

蜻蜓点水

黄蜂入洞

老叟携琴

云魔三舞一

云魔三舞二

云魔三舞三

云魔三舞四

云魔三舞五

云魔三舞六

云魔三舞七

云魔三舞八

云魔三舞九

拨云现日一

拨云现日二

妙手摘星一

妙手摘星二

妙手摘星三

迎风掸尘一

迎风掸尘二

迎风掸尘三

迎风掸尘四

迎风掸尘五

迎风掸尘六　　　猛虎跳涧（正面）　　猛虎跳涧（反面）

燕子衔泥　　　却步反截　　　左右卧鱼（右）

左右卧鱼（左）　　旋身扫腿　　　分手云魔一

分手云魔二

分手云魔三

分手云魔四

分手云魔五

分手云魔六

分手云魔七

拨草寻蛇一

拨草寻蛇二

拨草寻蛇三

拨草寻蛇四

拨草寻蛇六

金龙搅尾一

金龙搅尾二

金龙搅尾三

白蛇吐信（下）

白蛇吐信（中）

白蛇吐信（上）

大鹏展翅

勒马观潮一

勒马观潮二

勒马观潮三

勒马观潮四

勒马观潮五

抱月势

单鞭势

乌龙摆尾

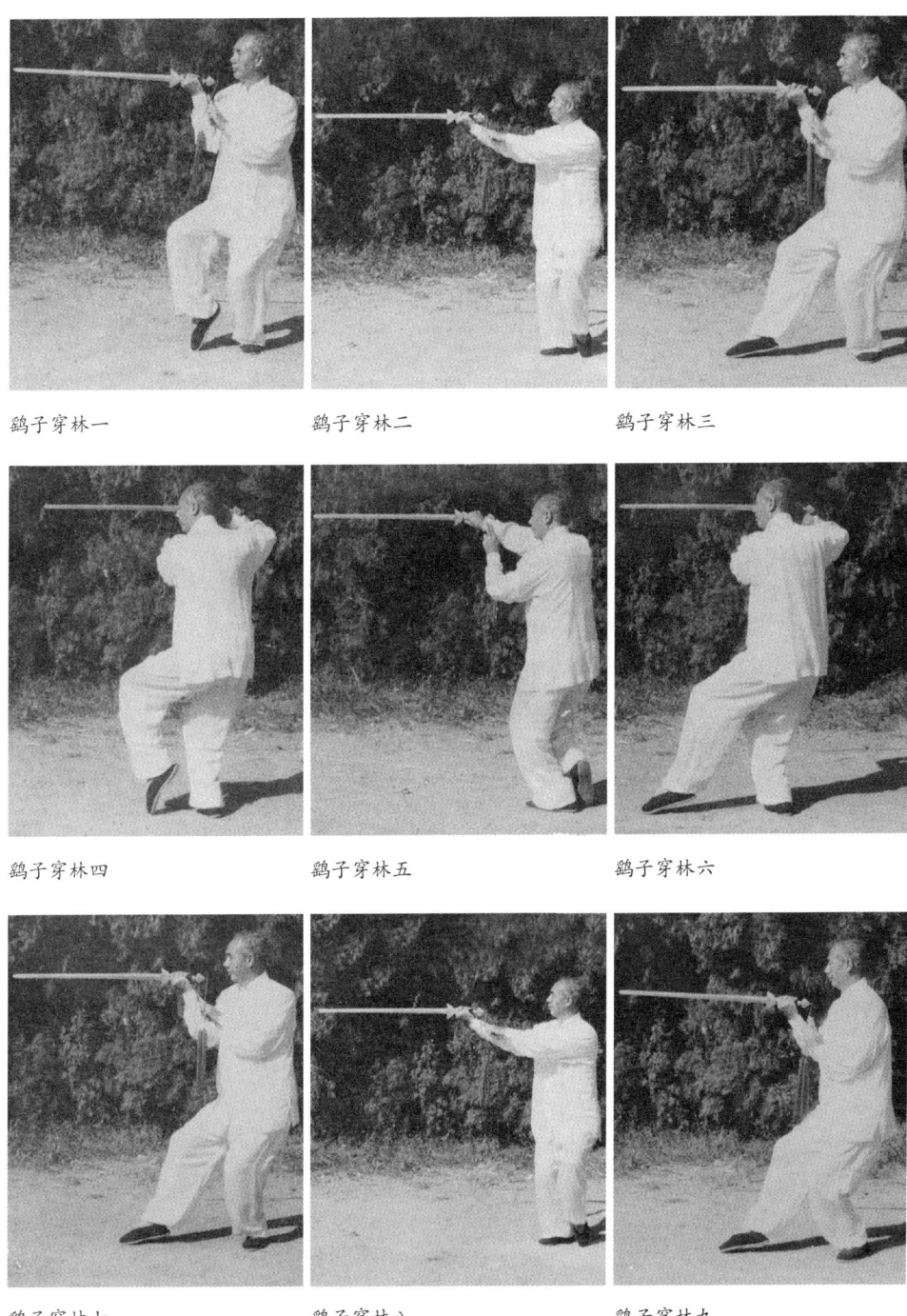

鹞子穿林一　　　　　　　鹞子穿林二　　　　　　　鹞子穿林三

鹞子穿林四　　　　　　　鹞子穿林五　　　　　　　鹞子穿林六

鹞子穿林七　　　　　　　鹞子穿林八　　　　　　　鹞子穿林九

大鹏展翅

农夫着锄

迎门剑

太公钓鱼

翻身交剑势一

翻身交剑势二

翻身交剑势三

金针指南

收剑势一

收剑势二　　　　　　　　收剑势三　　　　　　　　合太势